● 남방지역편

문화여행 차이니즈

이인택 지음

UUP

문화여행 차이니즈

■

- 2017년 2월 8일 **초판 인쇄**
- 2017년 2월 10일 **초판 발행**
- **지은이** 이인택
- **펴낸이** 오연천
- **펴낸곳** UUP.(울산대학교출판부) 680-749 울산광역시 남구 대학로 93(무거동) 울산대학교 출판부
- 전화 (052)259-2488 팩스 (052)277-3011 ▪ **홈페이지** http://uup.ulsan.ac.kr
- **출판등록** 제370-1996-000001호(1996.3.13)
- ₩ 11,000

이도서의 국립중앙도서관 출판도서목록(CIP)은 e-CIP 홈페이지(http://www.nl.go.kr/ecip)에서 이용하실 수 있습니다. (CIP제어번호: CIP2017003064)

ISBN 978.89.7868.403.3 (93720)

책을 내면서

이웃나라 중국은 이제 세계무대에서 군사, 외교, 경제 등 전 영역에 걸쳐 영향력을 행사하는 나라가 되고 있다. 중국굴기(中国崛起)를 외치며, 현재 G2의 한 축으로서 미국과 어깨를 나란히 하며 동북아, 남중국해, 유럽, 아프리카 등 전 세계에서 그 힘을 과시하며 성장을 계속하고 있다. 우리에게는 이웃이자 경쟁의 상대인 중국과의 교류가 확대되면서 점차 광범위하게 중국을 알고, 동시에 그들의 언어를 학습하는 추세가 정착되어가고 있다.

이에 따라 다양한 중국어 학습 관련 교재들이 출판되고 있고, 이에 《문화여행중국어 - 북방지역편》을 출판한 바 있다. 하지만 시간이 지나면서 중국어도 변화하여 모바일결제 支付宝, 사드인 萨得, 마윈의 전자상거래회사인 阿里巴巴, 고속철인 动车 등 신조어, 유행어, 은어, 그리고 새로운 표현들이 출현하고 있고, 동시에 즉석카메라인 一次性的照相机 등 사장되어가는 단어나 표현들도 적지 않다. 이에 새로운 경향에 맞춘 문장 표현을 고려하면서《문화여행차이니즈 - 남방지역편》을 준비하여오다가 이번에 출간하게 되었다.

물론 언어는 문화와 밀접한 관련을 맺고 있고 언어 속에는 문화적 배경이 담겨있기 때문에 문화를 이해해야만 좀 더 깊이 있게 해당 언어를 구사할 수 있다. 따라서 이러한 전제 하에서 기존에 출간

된 《문화여행중국어 - 북방지역편》 와 동일하게 중국에서 문화여행을 한다는 가정 하에서 문장 표현을 선정하여 편찬하였다. 다만 이번에는 난징, 쑤저우, 상하이 등 남방지역을 여행한다는 설정 하에 내용을 구상하였다. 직접 문화여행을 떠나지 않는다고 하더라고 문화여행이라는 일관된 주제를 놓고 남방지역 역사문화 자료와 함께 학습한다면 좀 더 흥미롭게 중국어를 접하고 문화도 익히는 이중효과를 얻을 수 있다고 본다.

본서는 15과로 편성되어 있으며, 기본적으로 중국어의 특징에 대해 간략히 소개를 하고, 본문 내용을 서술한 후, 여행에서 사용이 가능한 실용적인 회화 문장들을 수록하였다. 각 과의 구성은 본문과 해석, 주요단어, 주석과 요점, 그리고 알아두기 순으로 동일하게 꾸며져 있다.

본문의 발음 표기에 있어서는 한어병음과 함께 외래어 표기법에 따라 우리말로도 발음을 표기하였다. 이는 초보자가 문장 발음을 연습하는 데 있어서 도움이 되도록 하기 위한 참고용 표기라고 보면 될 것이다. 중국어 한글표기는 현재 통용되는 외래어 표기법을 적용하였지만, 발음상의 혼동을 피하기 위해 쥐안 juan, 취안 quan, 쉬안 xuan, 위안 yuan의 경우 회화 시 본래의 발음에 가까운 쥐엔, 취엔, 쉬엔, 위엔으로 표기하였다.

다만 뒷부분의 문화여행 관련 기본회화에서 중국어 발음의 한글표기는 공식적인 외래어 한글표기가 아닌 중국어 원 발음에 좀 더 가까운 한글표기를 하여 초보자가 실질적으로 중국어 회화를 구사했을 때 상대방이 좀 더 정확하게 알아들을 수 있도록 하였다.

그리고 주요단어의 품사를 표기하는 데 있어서는, 명사, 대명사(대사), 수사, 양사, 동사, 조동사(능원동사), 형용사, 부사, 전치사(개사) 접속사 조사 감탄사(탄사) 의성사(상성사) 등 13개의 품사 명칭을 약칭하여 명, 대, 수, 양, 동, 조동, 형, 부, 개, 접, 조, 감, 의로 각각 줄여서 표기하였다. 또한 주석과 요점에서는 단어나 문장의 용법과 간략한 문법 설명, 표현 시 주의할 점 등을 위주로 서술하였다.

마지막으로 알아두기 부분에서는 중국의 남방지역의 역사문화와 특징들을 소개하는 동시에 중국어와 중국문화 및 여행과 관련된 부분들을 참고로 다루었다. 중국은 일반적으로 전 영토를 6개 구역 즉 동북, 화북, 화중, 화남, 서북, 서남으로 나눌 수 있는데, 동북은 랴오닝성, 지린성, 헤이룽장성, 화북은 베이징, 톈진, 네이멍구자치구, 산둥성, 산시성, 허베이성, 허난성, 화중은 상하이, 장쑤성, 안후이, 후베이성, 저장성, 화남은 푸젠성, 장시성, 후난성, 광둥성, 광시장족자치구, 하이난성, 홍콩, 마카오, 서북은 산시성, 간쑤성, 칭하이성, 신장위구르자치구, 닝샤회족자치구, 서남은 윈난성, 구이저우성, 충칭, 쓰촨, 시장장족자치구이다.

그런데 중국 지역은 크게 장강을 중심으로 하여 이북은 북방(강북), 그 이남은 남방(강남) 지역으로 나눌 수 있다. 따라서 본문 알아두기에서 다루고자 하는 남방지역에 속하는 행정구역은 화중의 저장성, 화남의 푸젠성, 장시성, 후난성, 광둥성, 광시장족자치구, 하이난성, 홍콩, 마카오, 서남의 윈난성, 구이저우성과 장강을 걸치고 있는 화중의 장쑤성, 안후이성, 후베이성, 충칭, 쓰촨성으로 설정하고 이들 지역에 대한 자료를 담았다.

본서 출간 과정에서 부족한 부분도 적지 않음을 토로하며, 미흡한 부분에 대해서는 독자 여러분의 지정을 바란다. 마지막으로 본서 출간까지 수고해주신 울산대학교와 출판부의 협조에 감사의 말씀을 드린다.

2017년 2월 10일

이인택

목차

중국어 소개

1. 품사, 문장 성분, 구조, 기능, 구문과 어순

중국어의 가장 작은 문법단위의 문법기능을 나타내는 품사 체계는 영어와 유사해 보이지만 실제로는 차이가 크다. 예를 들어 영어 품사 중 하나인 전치사(preposition)에 해당하는 개사는 위치나 기능에 있어서 전치사와 완전히 동일하지 않다. 우리말은 9품사 체계로 이루어져 있는 반면, 중국어 품사는 일반적으로 13품사로 나뉜다.

즉 명사(名词), 대사(代词, 대명사), 동사(动词), 능원동사(能愿动词, 조동사), 형용사(形容词), 수사(数词), 양사(量词), 부사(副词), 개사(介词, 전치사), 연사(连词, 접속사), 조사(助词), 탄사(叹词, 감탄사), 상성사(象声词, 의성사)가 있다. 이 외에 구별사와 상태사를 별도로 분류하기도 한다.

다음으로 문장을 구성하는 문장 성분으로는 주요성분인 주어(主语), 술어(谓语), 목적어(宾语)와 보조성분인 관형어(定语), 부사어(状语), 보어(补语)가 있다. 그리고 문장 구조는 크게 단문과 복문으로 나뉘고, 문장 기능은 평서문, 의문문, 명령문, 감탄문으로 분류할 수 있다.

한편 문장 구문으로는 관계표현구문인 是자구문, 有자구문, 在자구문, 존현구문, 두 개 이상의 동사(구)가 하나의 주어의 술어가 되는 문장인 연동구문, 한 문장에 두 개 이상의 동사가 나오고 앞 동사의 목적어가 뒤의 동사의 주어가 되는 문장인 겸어구문 외에 능동구문과 피동구문인 把자구문과 被자구문, 비교구문 등이 있다.

한 나라의 언어의 특색을 가장 잘 나타내주는 것이 바로 어순(word order)인데, 중국어를 포함한 한장어(汉藏语) 계열의 언어는 '주어 + 동사(술어) + 목적어(S+V+O)'의 어순 구조를 지니고 있다. 우리말을 포함한 알타이어계의 '주어+목적어+동사(술어)(S+O+V)' 어순 구조와 다른 점이 특징이다. 이러한 점에서 중국어 어순(word order)은 기본적으로 영어 어순과 유사하다. 중국인이 아시아권에서 영어를 비교적 잘 구사하는 이유 중 하나가 바로 비슷한 어순 때문이다. 또 우리말에서 조사가 명사 뒤에 붙는 어순 구조와는 달리, 중국어의 개사는 개사의 목적어 앞에 놓인다.

이 밖에 영어의 to 부정사(infinitive)가 부사적 용법으로 쓰일 때 문장 뒤에 놓여 수식하듯이, 중국어로 "~하러", "~ 때문에" 라는 의미를 지닌 구문은 문장 뒤에 놓인다. "我去看他。(나는 그를 보러 갑니다.)", "很高兴, 认识你。(당신을 알게 되어 매우 기쁩니다.)" 등의 문장을 그 예로 들 수 있다.

중국어는 조사나 용언의 어미 활용이 거의 없기 때문에 문장의 의미를 파악하거나 전달하는 데 있어서 어순은 상당히 중요한 역할을 한다. 우리말에서는 '은, 는, 이, 가, 을, 를, 에게, 에서, 에로, 로써' 등 다양한 조사를 활용하여 단어를 연결하고 문장 의미를 분명하게 표현할 수 있기 때문에 다소 어순이 바뀐다 해도 전체 의미는 크게 변하거나 상실되지 않는다. 하지만 중국어는 이러한 주격, 소유격, 목적격, 보격 등의 조사가 없기 때문에 어순에서 문법사항을 찾아야 한다. 어순의 변화는 의미의 변화를 가져오기 때문에 중국어에서 어순은 굉장히 중요하다. 예를 들어 다음과 같이 어순의 차이에 따라 그 문장의 의미도 달라진다.

我给他五十块钱。나는 그에게 50원을 준다.
他给我五十块钱。그는 나에게 50원을 준다.
五十块钱我给他。이 50원은 내가 그에게 준 것이다.
五十块钱他给我。이 50원은 그가 나에게 준 것이다.
五十块钱我他给。(틀린 문장)

雪下了。비가 내린다. (문득 비가 내리는 경우)
下雪了。비가 내린다. (바라고 있던 비가 내리는 경우)
雪停了(0), 停雪了。(틀린 문장)

이처럼 어순 변화에 따라 의미가 달라지거나 뉘앙스의 차이가 생기거나 문장이 틀리거나 하는 현상들이 발생한다. 따라서 중국어에서 어순의 중요성은 아무리 강조해도 지나침이 없다.

결론은 중국어 학습에 있어서는 어순에 대한 이해와 습득이 필요하다. 단어의 어순을 정확하게 파악하지 못하면 중국어를 제대로 습득할 수 없기 때문이다. 중국어의 기본 어순은 '주어+술어+목적이'이며, 이를 좀 더 확대하여 정리해보면 '주어+수식어(수사어)+술어+보어+목적어'의 구조 형태를 이룬다.

2. 한어병음과 발음

현대 중국어 발음은 베이징 발음을 표준으로 하는데, 각 음절은 대부분 성모(声母), 운모(韵母) 그리고 성조(声调) 세 부분으로 나누어 설명할 수 있다. 중국어 발음부호는 알파벳 자형을 딴 한어병음(汉语拼音)이 쓰이고 있으며, 참고로 타이완에서는 ㄍ, ㄎ, ㄆ와 같은 모양의 주음부호(注音符号)라는 발음부호를 사용하고 있다. 중국어의 각 글자의 발음을 학습하기 위해서는 발음부호를 숙지해야 하고 아울러 각 발음부호가 정확히 어떤 음을 나타내는가를 알아야만 한다.

1) 성모(声母)

성모(consonant)는 음절 첫머리의 자음으로서, 모두 합쳐 21개가 있다.

쌍순음 (双唇音)	b(보) p(포) m(모) f(~포)
설첨음 (舌尖音)	d(더) t(터) n(너) l(러)
설근음 (舌根音)	g(거) k(커) h(허)
설면음 (舌面音)	j(지) q(치) x(시)
권설음 (卷舌音)	zh(즈) ch(츠) sh(스) r(르)
설치음 (舌齿音)	z(쯔) c(츠) s(쓰)

쌍순음, 설첨음, 설근음, 설면음, 권설음, 설치음은 발음부위별 종류이며, 발음방법에 따라서는 무기음(无气音)와 유기음(有气音), 청음(清音)(무성)과 탁음(浊音)(유성), 색음(塞音), 색찰음(塞擦音), 찰음(擦音), 비음(鼻音), 변음(边音)으로 나눌 수 있다.

2) 운모(韵母)

운모(vowel)는 모음으로서 중국어에 있어서는 성모와 성조를 제외한 나머지 부분을 칭하고 있다. 베이징어 운모에는 단운모, 두 개 이상의 모음이 합쳐진 복운모, 모음 뒤에 콧소리 자음이 붙는 부성운모, 권설운모 등 기본 운모 16개와 개모(介母) i, u, ü와 결합된 결합운모 22개가 있다.

► 기본운모

단운모 (单韵母)	a(아) o(오) e(어) ê(에) -i(yi)(이) -u(wu)(우) ü(yu)(위)
복운모 (复韵母)	ai(아이) ei(에이) ao(아오) ou(어우)
부성운모 (附声韵母)	an(안) en(언) ang(앙) eng(엉)
권설운모 (卷舌韵母)	er(얼)

► 결합운모

개모 i와 결합	-ia(ya)(야) -iai(yai)(야이) -ian(yan)(옌) -ing(ying)(잉)	-io(yo)(요) -iao(yao)(야오) -in(yin)(인)	-ie(ye)(예) -iu(you)(유) -iang(yang)(양)
개모 u와 결합	-ua(wa)(와) -ui(wei)(웨이) -uang(wang)(왕)	-uo(wo)(워) -uan(wan)(완) -ong(weng)(웅, 웡)	-uai(wai)(와이) -un(wen)(운, 원)
개모 ü와 결합	-ue(yue)(웨) -iong(yong)(융)	-uan(yuan)(위엔)	-un(yun)(윈)

위에서 밑줄 친 부분은 발음 표기와 실제 발음 사이에 약간의 차이가 나서 다소 혼동하기 쉬운 발음이다. 괄호 안의 y, w로 시작하는 발음 표기는 운모 단독으로 음절을 이룰 때 사용된다.

결합운모 -ue, -uan, -un의 원래 표기는 -üe, -üan, -ün이지만, j, q, x 뒤에 올 때는 반드시 '웨', '위엔', '윈'으로 발음하기 때문에 움라우트 없이 표기하여도 혼동되지 않는다. 예를 들어 jue, juan, jun으로 표기하여도 '줴', '쥐엔', '쥔'으로 발음한다.

단운모 -i는 보통 '이'로 발음하지만, zh, ch, shi, r, z, c, s 뒤에 붙는

경우 '으'로 발음한다. 예를 들어 ji는 '지'라고 발음하지만, zhi는 '즈'로 발음한다. 운모 발음 중에서 -un은 '온'과 '운' 사이의 발음이고, -ong은 '옹'과 '웅' 사이의 발음이며, -iong 역시 '용'과 '융' 사이의 발음이다. 중국어 음절은 운모 단독으로, 또는 성모와 운모가 결합하여 이루어진다.

3) 성조(声调)

중국어는 각 글자마다 발음의 높낮이인 성조(tone 또는 pitch)가 있다. 방언에 따라 성조의 숫자가 4~8개까지 다양한데, 베이징어의 경우 4개의 기본 성조가 있다. 이것을 사성(四声)이라고 하며 각 성조의 높낮이 변화와 부호 표시는 다음과 같다.

제1성은 높고 평평한 성조로, 솔(5)에서 시작하여 솔(5)로 끝난다. 부호는 '-'로 표시한다.

제2성은 올라가는 성조로, 미(3)에서 시작하여 솔(5)에서 끝난다. 부호는 '′'로 표시한다.

제3성은 내려가다가 올라가는 성조로, 레(2)에서 시작하여 도(1)로 내려갔다가 파(4)로 올라간다. 부호는 'ˇ'로 표시한다.

제4성은 내려가는 성조로, 솔(5)에서 시작하여 급강하하여 도(1)에서 끝난다. 부호는 ' ˋ '로 표시한다.

성조의 부호는 예를 들면 jiā, jiá, gāo, guǎi, guì 등과 같이 한 음절의 주요 모음 위에 표시하며, 모음 i 위에 성조 부호가 붙는 경우 i위의 점을 없애야 한다.

발음이 같더라도 성조에 따라 그 뜻이 구별된다. 예를 들면 妈(mā)(어머니), 麻(má)(삼베), 马(mǎ)(말), 骂(mà)(욕하다)처럼 성조가 다르면 같은 발음이라도 전혀 다른 의미가 된다. 그러므로 중국어 학습 시에는 성조를 정확하게 발음하는 연습이 중요하다.

베이징어에는 4개의 기본 성조 외에 가볍고 짧게 발음하는 경성(轻声)이라는 성조가 있다. 조사, 접미사, 중첩어의 뒤 음절 등은 원래의 성조와 무관하게 가볍고 짧게 발음하는 경우가 많으며, 이러한 경성은 성조 부호를 표기하지 않는다. 경성은 가볍게 발음하되 음의 높낮이가 있는데, 제1성과 제2성의 뒤에 놓일 때는 제1성과 제2성의 발음 끝 부분 높이에서 약간 낮은 높이로 발음한다. 그리고 제3성과 제4성의 뒤에 놓일 때는 제3성과 제4성의 발음 끝 부분 높이와 같은 높이로 발음한다.

한편 한 글자 한 글자가 이어져 단어나 문장이 되는 경우, 앞 뒤 성조에 따라 성조가 변하기도 하는데 이를 성조 변화 또는 변조(变调)라고 한다. 먼저 제3성의 성조 변화가 있다. 즉 제3성이 두 번 겹치면 앞의 제3성은 제2성으로 바뀌며, 제3성 뒤에 제1, 제2, 제4성이 올 때는 앞의 제3성은 반3성으로 변하는데 반3성은 레(2)에서 시작하여 도(1)로 낮게 발음하며 끝나는 소리이다.

不(bù)의 성조 변화도 있다. 不는 원래 제4성으로 발음하지만, 제4성의 글자 앞에서는 제2성으로 발음한다. 또한 一(yī), 七(qī) 八(bā)의 성조 변화가 있다. 이 3개의 숫자들은 원래 제1성으로 발음하지만, 제4성의 글자 앞에서는 제2성으로 발음한다.

3. 간체자(简体字)

중국어의 한자는 필획과 형태가 복잡하여 이해하고 기억하기가 어렵다는 결점이 있다. 많은 중국인들이 문맹으로 살아가는 이유 중 하나도 바로 한자가 쓰기 어렵기 때문이다. 이에 1956년 1월 중화인민공화국

국무원은 민간에서 보편적으로 사용되고 있는 간체자를 정자화하고 문자의 통일 규범을 만들어 '한자간화방안(汉字简化方案)'을 공식적으로 공포하였다. 이어 몇 년간의 시행을 거쳐 1964년 2,238자가 수록된 '간화자총표(简化字总表)'를 출판하여 간체자의 규범으로 삼았다.

이후 현재까지 중국 대륙에서는 간체자를 사용하기 때문에, 중국어 학습에 있어서 필수적으로 간체자를 익혀야 한다. 다행히 우리는 한자의 번체자(繁体字) 즉 정자를 기본적으로 익혔기 때문에 간체자를 익히는 것은 그다지 어렵지 않다. 그리고 간체자라고 해서 모든 한자가 간체자로 바뀐 것이 아니며 正, 手, 去 등 간단한 필획의 글자는 정자 그대로 사용하고 있다. 또한 중국어의 한자는 수만 개가 넘지만 상용한자는 약 2,500개 정도이기 때문에 그 중 1,000~1,500개 정도의 한자를 익히면 생활회화를 구사하고 활용하는 데에 문제가 없다. 다만 중국어의 간체자와 우리식 약자, 일본식 약자, 대만식 약자는 조금씩 다르므로 이 점 유의해야 한다. 예를 들어 学, 驿, 便当, 佛, 广, 泽과 같은 중국식 약자들은 우리나라와 대만, 또는 일본에서 다른 형태로 사용되고 있다. 한편 대만과 홍콩에서는 번체자 즉 정자를 그대로 사용하고 있다.

4. 방언

중국은 국토가 넓고 인구가 많은 만큼 각 지방에서 사용하는 방언들도 다양하게 존재한다. 서로 의사소통을 하지 못하여 통역이 필요할 정도로 발음 차이가 크기도 하다. 중국이나 홍콩, 또는 타이완에서 TV를 보면 중국어 자막이 나오는 프로그램이 많다. 방언마다 발음이 다르기 때문에 공통의 문자를 통해 서로 간에 의미를 소통시키기 위한 배려에서다. 방언 간에는 어순 차이는 거의 없고, 문장의 의미도 동일하지만, 지역에 따라 일부 어휘는 약간 다르게 사용하는 경우가 있다.

중국의 방언은 크게 북방 방언(官话), 오 방언(상하이 등), 상 방언(후난), 감 방언(장시), 객가 방언, 민 방언(푸젠), 월 방언(광둥) 등 7가지로 나눌 수 있고, 세부적으로 나눈다면 그 수는 훨씬 많아진다.

그 중에서도 북방 방언과 월 방언인 광둥어의 점유율이 높다. 북방 방언인 관화는 관계(官界)에서 통용되어 온 방언으로 영어식 명칭은 포르투갈어에서 유래한 Mandarin이고, 광둥어의 영어식 명칭은 Cantonese이다. 근대 이후 광둥성 주민들이 미국에 많이 이주하여 활동하였기 때문에 미국에 정착된 중국어 중 일부는 광둥식으로 발음하기도 한다. 예를 들어 베이징식 오리구이는 베이징어 발음으로는 '뻬이징 카오야'라고 하지만, 미국에서는 광둥어의 영향을 받아 '패킹덕(Peking Duck)'이라고 발음한다. 그래서 미국에서 중국어를 할 줄 안다고 말하면, "Mandarin or Cantonese?"라고 되묻는 경우가 많다.

방언의 반대되는 말은 표준어로서, 중국의 표준어는 일명 보통화(普通话)라고 칭하는 북방 관화인 베이징어이다. 하지만 중국의 표준어는 베이징어를 근간으로 하고 있지만 실제로는 베이징어라는 방언 중 토속적인 부분을 배제하고 정제한 언어이기 때문에 베이징의 토속 방언과도 약간의 차이가 있다.

우리나라 교육기관에서 가르치는 중국어는 모두 베이징어인데, 베이징어만으로는 방언을 사용하는 수억의 중국인들과 의사소통이 이루어지지 않으니까 신경 쓰이는 경우도 있을 것이다. 하지만 중국의 정식 표준어가 베이징어이고 어느 정도의 학력이 있거나 젊은 층인 경우 지방 거주자 대부분 베이징어를 알아듣기 때문에 걱정할 필요가 없다. 97년 중국에 귀속된 홍콩의 주민들도 최근에는 베이징어를 배우려는 열기가 고조되고 있다.

다만 지방의 노인들은 사투리를 바꾸기 어려워(乡音难改) 의사

소통이 안 되는 경우가 있고, 가까운 사이끼리는 사투리를 사용하기 때문에 알아듣기 어려운 경우도 있다. 하지만 사투리는 그 지역 주민들에게 친근감 있게 접근할 수 있는 도구이기도 하다. 그러므로 무조건 베이징어만을 고수하기보다는 베이징어를 정확히 익히면서 동시에 자신이 머물고 있는 지역의 방언을 조금씩 익혀둔다면 나중에 사업이나 교제를 하는 데 있어서 큰 도움이 될 수 있을 것이다.

제1과

游览南京 · 난징 여행

난징에 도착하여 우선 중산링(中山陵)과
위화타이(雨花台) 등을 구경한다.

吉童 : 站在中山陵上, 可以看得到南京市全景。

zhàn zài zhōngshānlíngshang, kěyǐ kàndedào nánjīngshì quánjǐng.
잔 짜이 중산링상, 커이 칸더다오 난징스 취엔징.

和田 : 中山陵是不是为了纪念国父孙文先生而建的?

zhōngshānlíng shìbùshì wèi le jìniàn guófù sūnwén xiānsheng ér jiànde?
중산링 스부스 웨이러 지녠 궈푸 쑨원 셴성 얼 젠더?

吉童 : 是, 中山是孙文的号。中山大学或者中山路等也是采用他的号而命名的。

shì, zhōngshān shì sūnwénde hào. zhōngshān dàxué huòzhě zhōngshānlù děng yěshì cǎiyòng tāde hào ér mìngmíngde.
스, 중산 스 쑨원더 하오. 중산 다쉐 훠저 중산루 덩 예스 차이융 타더 하오 얼 밍밍더.

和田：南京的古代建筑与现代大楼很和谐。

nánjīngde gǔdài jiànzhù yǔ xiàndài dàlóu hěn héxié.
난징더 구다이 젠주 위 셴다이 다러우 헌 허셰.

吉童：南京是六朝、明、中华民国等十个朝代的首都。

nánjīng shì liùcháo, míng, zhōnghuámínguó děng shí ge cháodàide shǒudū.
난징 스 류차오, 밍, 중화민궈 덩 스거 차오다이더 서우두.

和田：到了南京，我想起了《红楼梦》的作者曹雪芹。

dào le nánjīng, wǒ xiǎngqǐ le hónglóumèngde zuòzhě cáo xuěqín.
다오러 난징, 워 샹치러 훙러우멍 더 쭤저 차오 쉐친.

吉童：他在南京长大。此外很多有名的文人出生于南京。

tā zài nánjīng zhǎngdà. cǐwài hěn duō yǒumíngde wénrén chūshēng yú nánjīng.
타 짜이 난징 장다. 츠와이 헌둬 여우밍더 원런 추성 위 난징.

(이어서 위화타이로 이동한다.)

吉童：七十多年前这里发生了南京大屠杀。

qīshí duōniánqián zhèlǐ fāshēng le nánjīngdàtúshā.
치스 둬녠첸 저리 파성 러 난징다투사.

和田：革命烈士纪念碑正呼吁着勿忘当年日本军国主义者的野蛮行径。

gémìng lièshì jìniànbēi zhèng hūyùzhe wù wàng dāngnián rìběn jūnguózhǔyìzhěde yěmán xíngjìng.
거밍 례스 지녠베이 정 후위저 우 왕 당녠 르번 쥔궈주이저더 예만 싱징.

吉童：过去的已经是过去，重要的还是未来嘛。

guòqùde yǐjīng shì guòqù, zhòngyàode háishi wèilái ma.
궈취더 이징 스 궈취, 중야오더 하이스 웨이라이 마.

和田：反正日本应该对过去的罪行赔罪。我自己也很惭愧。

fǎnzhèng rìběn yīnggaī duì guòqùde zuìxíng péizuì. wǒ zìjǐ yě hěn cánkuì.
판정 르번 잉가이 두이 궈취더 쭈이싱 페이쭈이. 워 쯔지 예 헌 찬쿠이.

吉童：现在我们去看明故宫。

xiànzài wǒmen qù kàn míng gùgōng.
셴짜이 워먼 취 칸 밍 구궁.

和田：我特别想看南京的特产雨花石。

wǒ tèbié xiǎng kàn nánjīngde tèchǎn yǔhuāshí.
워 터베 샹 칸 난징더 터찬 위화스.

吉童：那去夫子庙买雨花石，顺便看一下过去科举考试的贡院。

nà qù fūzǐmiào mǎi yǔhuāshí, shùnbiàn kàn yīxià guòqù kējǔ kǎoshìde gòngyuàn.
나 취 푸쯔먀오 마이 위화스, 순볜 칸 이샤 궈취 커쥐 카오스더 궁위엔.

해석

길동　중산릉 위에 서니 난징시 전경이 다 보이네요.

와다　중산릉은 중화민국 국부 쑨원 선생을 기리기 위해 만든 것이죠?

길동　네, 중산은 쑨원의 호로서, 중산대학 또는 중산로 등은 그의 호를 따서 명명한 것이죠.

와다　난징의 고대 건축과 현대 빌딩이 아주 조화롭게 어우러져 있군요.

길동　난징은 육조, 명, 중화민국 등 10개 왕조의 수도였죠.

와다　난징에 오니 《홍루몽》의 작가인 조설근이 생각나네요.

길동　조설근이 난징에서 자랐죠. 그 외에도 많은 문인들이 난징에서 출생했죠.

(이어서 위화타이로 이동한다.)

길동 70여 년 전 이곳에서는 난징대학살이 일어났지요.

와다 혁명열사 기념비는 당시 일본군국주의자들의 야만행위를 잊지 말자고 호소하고 있네요.

길동 과거는 이미 지나갔죠. 중요한 것은 미래 아닐까요?

와다 어쨌든 과거의 잘못에 대해 일본은 사죄해야 합니다. 저 자신도 매우 부끄럽습니다.

길동 이제 명 고궁을 돌아보죠.

와다 나는 특히 난징의 특산인 우화석을 구경하고 싶어요.

길동 그럼 부자묘에 가서 우화석을 사고, 간 김에 과거에 과거시험을 치르던 공원을 한번 둘러봅시다.

주요 단어

中山陵 zhōngshānlíng (명) 쑨원의 묘가 있는 중산릉
雨花台 yǔhuātái (명) 우화대
站 zhàn (동) 서다
看得到 kàndedào (동) 볼 수 있다
南京市 nánjīngshì (명) 난징시
全景 quánjǐng (명) 전경
纪念 jìnià (동)(명) 기념(하다)
国父 guófù (동) 국부
孙文 sūnwén (명) 쑨원(손문)

建 jiàn (동) 세우다

号 hào (명) 호

中山大学 zhōngshān dàxué (명) 중산대학

中山路 zhōngshānlù (명) 중산로

采用 cǎiyòng (동) 채용하다

命名 mìngmíng (동) 명명하다, 이름을 짓다

古代建筑 gǔdài jiànzhù (명) 고대건축

现代大楼 xiàndài dàlóu (명) 현대 빌딩

和谐 héxié (형) 조화롭다, 어울리다

六朝 liùcháo (명) 육조시기(오, 동진, 송, 제, 량, 진)

明 míng (명) 명 왕조

中华民国 zhōnghuámínguó (명) 1912년 건국한 중화민국

朝代 cháodài (명) 왕조, 시대

红楼梦 hónglóumèng (명) 8대기서 중 하나인 홍루몽

作者 zuòzhě (명) 작가

曹雪芹 cáo xuěqín (명) 조설근

长大 zhǎngdà (동) 성장하다, 자라다

此外 cǐwài (명) 이 밖에, 이 외에

文人 wénrén (명) 문인

出生 chūshēng (동) 출생하다

南京大屠杀 nánjīngdàtúshā (명) 난징대학살

革命烈士纪念碑 gémìng lièshì jìniànbēi (명) 혁명열사기념비

正 zhèng (부) 지금

呼吁 hūyù (동) 호소하다

勿 wù (부) ~해서는 안 된다, ~하지 마라

当年 dāngnián (명) 그 해, 그 당시

日本军国主义者 rìběn jūnguózhǔyìzhě (명) 일본군국주의자

野蛮行径 yěmán xíngjìng (명) 야만행위

过去 guòqù (명) 과거

重要 zhòngyào (형) 중요하다

未来 wèilá (명) 미래

反正 fǎnzhèng (부) 아무튼, 어쨌든

应该 yīnggaī (조동) ～해야 한다

罪行 zuìxíng (명) 죄, 범죄 행위

赔罪 péizuì (동) 사죄하다

自己 zìjǐ (대) 자신, 스스로

惭愧 cánkuì (형) 부끄럽다, 창피하다

明故宫 míng gùgōng (명) 명 고궁

特别 tèbié (부) 특히, 특별히, 아주

雨花石 yǔhuāshí (명) 난징의 특산 우화석

夫子庙 fūzǐmiào (명) 부자묘

科举考试 kējǔ kǎoshì (명) 과거시험

贡院 gòngyuàn (명) 과거시험을 보던 장소인 공원

주석 및 요점

1. 看得到와 가능보어

동사 看의 문장 성분은 술어인데, 술어 뒤의 결과보어나 방향보어 앞에 得가 붙어 가능보어의 성분을 만들고 있다. 得 대신 不를

붙여 看不到가 되면 불가능하다는 의미를 가지게 된다. 예를 들어, 做得完은 "일을 끝낼 수 있다.(끝마치는 것이 가능하다.)"의 의미이고 做不完은 "일을 끝낼 수 없다."는 의미이다. 여기서 得完, 不完은 각각 긍정과 부정의 가능보어가 된다. 이러한 가능보어의 표현은 能과 不能으로 바꾸어 표현할 수도 있다.(能做完, 不能做完)

이밖에도 写得完, 写不完, 拿得出来, 拿不出来, 听得懂, 听不懂, 走得了, 走不了, 吃得下, 吃不下, 吃得了, 吃不了, 买得起, 买不起, 买得到, 买不到 등 가능보어는 일상회화에서 다양하게 쓰이고 있다.

2. 접속사 而

而은 구나 절을 연결시키는 데 있어서, "~하고", "~뿐만 아니라"의 의미로서 앞뒤의 대상이 대등한 순접관계나 점층관계를 나타내기도 하고, "~지만", "그러나"의 의미로서 앞뒤 성분이 서로 상반되는 것을 연결하여 진환시키는 역접관계를 나타내기도 한다.

席地而坐。 바닥에 자리를 깔고 앉다.
似sì而非。 유사하지만 아니나.
紧张而有秩zhì序xù。 긴박하지만 질서가 있다.

때로는 가정 관계를 나타내기도 하고, 인과관계를 나타내기도 한다.

学而不精便很难出成果。 배우는 데 세심하지 않으면 성과를 내기가 어렵다.
不能因困难而退缩suō。 곤란 때문에 움츠러들어서는 안 된다.

3. 屠杀

중국어와 한국어 사이에는 한자 활용이나 의미에 있어서 차이가 날 때가 종종 있다. 도살(屠杀)의 경우 가축을 도축할 때 사용하는 말인데, 중국어에서는 학살(虐杀)의 의미로 쓰인다. 1937년 발발한 중일전쟁(中日战争)은 항일전쟁(抗日战争)으로, 6.25전쟁은 한전(韩战)으로, 한반도(韩半岛)는 조선반도(朝鲜半岛)로, 북한은 조선(朝鲜)으로 표기하고 있다. 고사성어 역시 다르게 쓰이는 경우가 많다. 예를 들어 일석이조(一石二鸟)는 중국에서는 일전쌍조(一箭双雕)라고 표현한다.

용어의 의미가 다른 것도 상당히 많다. 예를 들어 소심(小心)은 중국어에서는 "조심하다"를, 조심(操心)은 중국어에서는 "근심하다"를, 방학(放学)은 중국어에서는 하루의 수업을 마치고 하교하는 것을, 약속(约束)은 중국어에서는 구속을, 애인(爱人)은 중국어에서는 배우자를 의미한다. 또한 중국식 한자(간체자), 한국식 한자, 일본식 한자[1] 형태도 조금씩 다르다.

---

1) 우리가 사용하는 한자어 중 상당수는 중국에서 유래하였고, 일부는 일본에서 만들어졌다. 예를 들어 신화(神话), 문학(文学), 철학(哲学), 물리(物理), 원자(原子), 체납(滞纳), 납득(纳得), 번호(番号), 역(驿), 무정부주의(无政府主义) 등은 일본에서 만들어졌다. 일본은 메이지유신 때 동아시아 국가 중 먼저 문호를 개방하면서 서양문물을 받아들일 때 용어도 일본식으로 조어를 하게 되면서 많은 일본식 한자어가 탄생되었다. 중국에서도 이러한 일본식 한자어를 차용하고 있다.

4. 동사+동태조사 呼吁着

중국어의 조사는 구조조사(的, 地, 得), 동태조사(了, 着, 过), 어기조사(啊, 吧, 了, 吗, 嘛, 呢, 的)로 분류되는데, 그중 동태조사는 완료, 실현, 임박, 변화를 나타내는 了, 경험, 완료를 나타내는 过, 동사 술어의 지속이나 진행을 나타내는 着가 있다. 着의 특징이나 용법은 다음과 같다.

1) 着는 지속동사 술어 뒤에 붙어 상태의 지속을 나타내거나, 비지속동사 술어 뒤에 붙어서 동작의 진행을 나타낸다.

校门还开着。교문이 아직 열려있다.(비지속동사의 상태 지속)
外边下着雨。바깥에 비가 내리고 있다.(지속동사의 동작 진행)

2) 着는 연동문으로 쓰여, 뒤에 오는 동작의 지속적인 배경이나 행위의 방식을 표시하기도 한다.

我们站着吃饭吧。우리 서서 식사를 합시다.
我儿子听着音乐睡觉了。내 아들은 음익을 들으면서 잠들었다.

3) 着는 진행 중임을 나타내는 부사 (正)在와는 용법이 다르다.

他在穿衣服。그는 옷을 입고 있는 중이다.
他穿着衣服。그는 옷을 입고 있다.

앞 문장은 옷을 입고 있는 동작이 진행 중임을 나타내고, 뒤 문장은 옷을 입는 동작이 실행된 이후의 상태가 지속되고 있음을 나타낸다.

4) 着가 들어간 지속형 문장의 부정형은 일반적으로 '没(有) + 동사'의 형식으로 표현된다. 의문형은 吗나 没有를 말미에 붙인다.

他穿着鞋子。 그는 신발을 신고 있다.
他没(有)穿(着)鞋子。 그는 신발을 신고 있지 않다.
他不穿着鞋子。 (x)
现在下着雨吗? 바깥에는 비가 내리고 있나요?
校门开着没有? 교문이 열려있나요?

5. 어기조사 嘛

어기조사는 주로 문장 끝에 쓰여 화자의 어투를 나타낸다. 어기조사 嘛는 이치적으로 그러함을 나타낸다. 嘛와 함께 평서문에 자주 쓰이는 어기조사로는 啊(설명, 확신), 吧(승낙, 추측), 罢了(축소 과장), 呗(괜찮음, 불만), 的(단정, 확정), 呢(사실 확인, 반박) 등이 있다.

이밖에 의문문에 쓰이는 어기조사로는 吧, 吗, 呢, 啊, 명령문과 감탄문에 자주 쓰이는 어기조사로는 啊, 吧 등이 있다.

6. 조동사 应该와 想

조동사는 중국어로는 능원동사(能愿动词)라고 부른다. 본동사 앞에 놓이며, 능력, 희망(소망), 허가, 당위 등을 나타내기 때문에 이렇게 호칭한다. 조동사로는 能, 会, 可以, 要, 想, 愿意, 应该, 得 등이 있다. 그중 应该와 想의 용법은 다음과 같다.

应该는 "마땅히 ~해야 한다"는 도리를 나타내기도 하고, "당연히 ~할 것이다"라는 추측을 나타내기도 한다.

学生应该努力学习。학생은 열심히 공부해야 한다.
他是前天出发的，现在应该到达目的地。
그는 그제 출발했으니, 지금쯤은 목적지에 도달했을 것이다.

조동사 想은 뒤에 동사가 오면 조동사 용법으로 사용되며 "~하고 싶다", "~할 생각이다"를 의미한다.

我想睡午觉。나는 낮잠을 자고 싶다.
我妹妹想去日本留学。내 여동생은 일본에 유학 가려고 한다.
我很想去北京。나는 베이징에 몹시 가고 싶어요

나마 想 뒤에 명사나 절이 오면 조동사가 아닌 동사 용법으로 사용되어 "생각하다", "그리워하다"를 의미하게 된다.

我想她。나는 그녀가 그립다.
想办法。방법을 생각하다.
我想他不会来。나는 그가 오지 않을 거라고 생각합니다.

7. 연동구문(连谓句)

본문 속 문장 “我们去看明故宫。”, “那去夫子庙买雨花石。”은 비교적 특수한 유형인 연동구문이다. 연동구문은 하나의 주어에 하나의 동사가 나오는 일반적인 구문과 달리 하나의 주어에 두 개의 동사나 동사구가 연결되어 술어를 이루는 문장 구문이다. 동사(V1)와 동사(V2) 사이에 접속사를 사용하지 않고 쉼표도 없지만, 주어는 동일하다.

我去(V1)电影院看(V2)美国影片。 나는 미국영화를 보러 극장에 간다.
来买票。 표를 사러 오다.
走着吃。 걸어가면서 먹는다.
你快去买书。 빨리 가서 책을 사세요.
你去拿火车票。 가서 기차표를 받으세요.

연동문을 해석할 때는 영어의 목적형 to infinitive 문장처럼 “~하러~한다”로 번역해도 된다.

8. 七十多年

多나 来는 수사나 양사 뒤에서 어림수 역할을 한다. 단 1-9로 숫자가 끝나는 경우에는 수사+양사+多/来+명사의 어순이고, 0으로 끝나는 경우에는 수사+多/来+양사+명사 어순으로 표현한다.

六十多年, 六年多, 六十多块钱, 六块多钱, 六十多个小时, 六个多小时

알아두기

• 장쑤성(江苏省) 난징(南京)

장쑤성 성회인 난징은 장강(长江) 즉 양자강(扬子江) 하류에 위치하며 도시 면적 4,500㎢, 인구 500여만 명, 2,400여년의 역사를 가진 중국 7대 고도의 하나이다. 난징은 석두성(石头城)이라는 명칭으로도 불린다. 이 명칭은 난징 청량산(清凉山)에 위치한 육조 시기의 유명한 유적지인 석두성에서 유래한다.

229년 손권이 이곳에 도읍을 정해 오(吴)라고 칭하였고, 그 후에 동진(东晋)과 남조인 남송(南宋), 제(齐), 양(梁) 진(陈), 오대 기간 중의 남당(南唐), 명(明), 태평천국(太平天国), 중화민국(中华民国) 등 10개 왕조 및 정부가 이곳을 도읍으로 삼았다. 1840년에 발생한 아편전쟁에 패한 후인 1842년에 난징의 황포강에서 영국과 치욕적인 불평등조약인 난징조약을 체결한 비극의 역사가 서려있기도 하다.

난징은 장강 유역의 해상교통의 편리함을 이용하여 전자, 기계, 특종 중공업 등이 발달했고 문화의 중심지로서의 명성도 얻고 있다. 기후는 아열대에 속한다. 난징은 수로(水路), 육로(陆路), 공로(空路) 모두 교통편이 좋고 중국에 있어서 수륙 교통 중계지의 하나로서, 배를 이용하면 장강을 따라 우한(武汉)과 장강삼협(长江三峡)을 지나 충칭으로도 갈 수 있다. 난징은 징후(京沪)철도 연선에 있으므로 고속철(高铁, 动车)을 이용한 수십 곳의 대도시 여행이 가능하다. 대표적인 유적지를 소개하면 다음과 같다.

먼저 중산릉(中山陵)은 1911년 신해혁명을 일으켜 청 왕조를 몰아내고 공화체제를 구축한 국부 쑨원의 묘지로 난징 자금산(紫金山)의 남쪽 기슭에 위치하고 있다. 1926년에 착공하여 1929년에 완공되었으며, 130ha의 부지 내부는 광장, 석방, 제당, 묘실, 음악대 등으로 이루어져 있다. 쑨원은 민족, 민권, 민생이라는 삼민주의를 주장하였는데, 그의 동상은 체코인 작가가 조각한 까닭에 유럽인의 모습을 하고 있다.

다음으로 명효릉(明孝陵)은 명(明) 왕조의 창시자인 홍무제 주원장(朱元章)의 묘이다. 내부는 방성, 비정, 보성, 태조묘 등으로 이루어져있고, 능으로 통하는 참배 도로 양쪽에 배치된 석조 문신, 무장 석수는 16쌍으로 장관을 이룬다. 주원장의 손자인 영락제가 베이징으로 천도하면서 난징의 궁궐 모습을 그대로 이어받아 베이징 자금성 궁궐을 축조하였고, 이후 왕들은 사후에 베이징 북쪽에 명십삼릉(明十三陵)에 묻히게 된다. 명효릉과 함께 근처에는 삼국시대 오나라의 손권의 묘인 손릉(孙陵)도 있다.

다음으로 영곡사(灵谷寺)는 중산릉(中山陵) 동쪽에 있으며 514년에 세워졌지만 1318년 현재의 장소로 옮겨졌다. 사찰 안에는 명대 건축물인 무량전·송풍각·영곡탑·지공탑이 남아있는데, 그중. 무량전은 전체가 벽돌로만 쌓아올려진 구조로서 그 견고함으로 인해 700년 가까이 잘 보존되어 있다.

다음으로 난징 시내에 위치한 호수인 현무호(玄武湖)는 총면적이 444ha이고, 그 중 능의 면적은 49ha로서 호수 총 면적의 1/9를 차지하고 있다. 호수 속에는 5개의 작은 섬이 있고 모두 다리로 연결되어 있다.

다음으로 난징 시가지를 관통하는 장강 위의 장강대교(长江大桥)는 그 위용을 자랑한다. 1968년에 완공된 이 다리는 전체 길이가 6,772m로서 도로와 철로 양용 도로로는 세계에서 가장 길다. 사실 그 기초는 구소련에서 계획하였으나 중소 분쟁으로 마지막에는 중국 자체 기술로 완공시켰기 때문에 이 다리는 난징시민들의 자존심이자 중국인의 자존심의 상징물이 되고 있다. 4개의 기초대는 높이가 70m나 되며, 대교의 야경 또한 아름답다.

다음으로 우화대(雨花台)는 육조(六朝)시대에 불사(佛事)가 많이 있던 곳이며 하늘에서 꽃비가 내린다는 고사에서 명칭이 유래하고 있다. 국민당 통치시기에 학살당한 혁명 열사를 위한 기념비가 세워져있고, 또한 1937년 중일전쟁이 발발하면서 상하이를 통해 난징으로 진격한 일본군에 의해 몇 주 만에 30만 명의 시민들이 학살당한 난징대학살을 기리는 난징대학살우난동포기념관도 있다.

그리고 오룡담(乌龙潭)공원은 장편소설 《홍루몽》을 연상케 하는 곳이며, 청량산(清凉山)공원도 다양한 문학 작품 속에 등장했던 유명한 공원이다. 난징의 특산이 우화석은 난징을 배경으로 한 《홍루몽》 속 주인공 가보옥의 탄생 소재가 되기도 한다. 소설 속 12명의 여인인 금릉12채(金陵十二钗)의 금릉은 난징의 옛 명칭이다. 그리고 난징의 진회하(秦淮河)는 청대 《도화선》 속에서 이향군과 후방역의 이야기의 배경이 되는 곳으로서 야경이 특히 아름답다. 이밖에 공자를 기리는 사당인 부자묘와 과거시험 장소였던 공원도 잘 보존되어 있다.

중산릉

쑨원상

난징대학살 추모탑

난징대학살기념관

난징 특산 우화석

명효릉

현무호

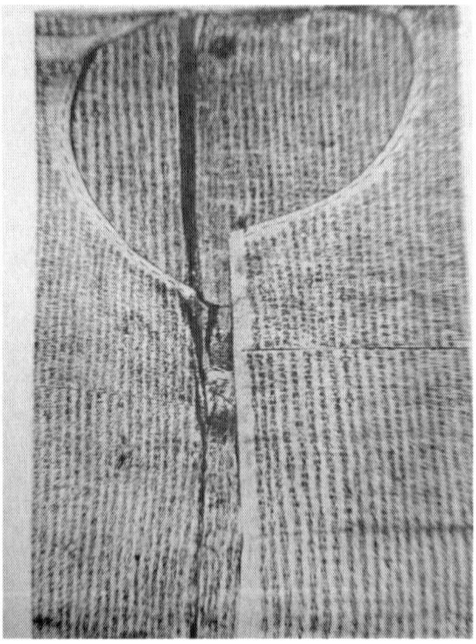

과거컨닝복

제2과

在网吧 · 인터넷 카페에서

장강(长江)과 난징대학(南京大学)을 구경하고,
인터넷을 이용하기 위해 인터넷 카페에 간다.

和田：在长江大桥上看长江，长江的雄伟壮阔真了不得。

zài chángjiāng dàqiáoshang kàn chángjiāng, chángjiāngde xióngwěi zhuàngkuò zhēn liǎobude.
짜이 창장 다챠오싱 칸 창장, 창장더 숑웨이 좡쿼 전 랴오부더.

吉童：长江的滔滔不绝，让我想起了一个成语"源远流长"。

chángjiāngde tāotāo bù jué, ràng wǒ xiǎngqǐ le yí ge chéngyǔ "yuán yuǎn liú cháng".
창장더 타오타오 부 쥐에, 랑 워 샹치러 이거 청위 "위엔 위엔 류창".

和田：南京大学在规模和师资方面都不愧为中国十大大学之一。

nánjīng dàxué zài guīmó hé shīzī fāngmiàn dōu bù kuì wéi zhōngguó shí dà dàxuézhī yī.
난징다쉐 짜이 구이모 허 스쯔 팡미엔 더우 부쿠이 웨이 중궈 스다 다쉐즈 이.

吉童：我要去网吧给首尔的朋友发电邮。

wǒ yào qù wǎngbā gěi shǒěr de péngyǒu fā diànyóu.
워 야오 취 왕바 게이 서우얼더 펑여우 파 뎬여우.

和田：南大校门对面有个网吧。

nándà xiàomén duìmiàn yǒu ge wǎngbā.
난다 샤오먼 두이멘 여우 거 왕바.

(둘은 인터넷 카페에 들어가서)

和田：使用费五块一个小时。

shǐyòngfèi wǔ kuài yī ge xiǎoshí.
스융페이 우 콰이 이 거 샤오스.

吉童：电脑显示器的画面上开着视窗软件。我要用因特网。

diànnǎo xiǎnshìqìde huàmiànshang kāizhe shìchuāng ruǎnjiàn. wǒ yào yòng yīntèwǎng.
뎬나오 셴스치더　화멘상 카이저 스창 롼젠. 워 야오 융 인터왕.

和田：要进入网景，把鼠标移到这里之后按两次。

yào jìnrù wǎngjǐng, bǎ shǔbiāo yídào zhèlǐzhīhòu àn liǎng cì.
야오 진루 왕징, 바 수뱌오 이다오 저리즈허우 안 량 츠.

吉童：中文字体要换韩语字体。

zhōngwén zìtǐ yào huàn hányǔ zìtǐ.
중원　쯔티 야오 환 한위 쯔티.

和田：发了电邮吗?

fā le diànyóu ma?
파 러 뎬여우 마?

吉童：发了。该你用了。

fā le. gāi nǐ yòng le.
파 러. 가이 니 융 러.

和田：我要搜索一会儿网页之后，再玩游戏。

wǒ yào sōusuǒ yīhuìr wǎngyèzhīhòu，zài wán yóuxì.
워 야오 써우쒀 이후얼 왕예즈허우，짜이 완 여우시.

吉童：我们已经在网吧呆了半天了。

wǒmen yǐjīng zài wǎngbā dāi le bàntiān le.
워먼 이징 짜이 왕바 다이 러 반톈 러.

和田：时间不早了，我们快走吧。

shíjiān bù zǎo le, wǒmen kuài zǒu ba.
스젠 부 짜오 러, 워먼 콰이 쩌우 바.

해석

와다 장강 대교 위에서 장강을 보니 그 웅장한 위용과 광활함이 대단하더군요.

길동 장강의 도도히 흐르는 모습에 "원원유상"이라는 성어가 생각나네요.

와다 난징대학은 규모 면에서 또 교수 수준에 있어서 중국 10대 대학 중의 하나임에 부족하지 않네요.

길동 인터넷 카페에 가서 서울에 있는 친구에게 이메일을 보내야 되요.

와다 난징대학 정문 건너편에 인터넷 카페가 있네요.

(인터넷 카페에 들어가서)

와다 이용비가 1시간에 5위안이군요.

길동 컴퓨터 모니터 화면상에 윈도우 프로그램이 켜져 있네요. 인터넷을 이용해야겠어요.

와다 넷스케이프로 들어가려면 마우스를 여기로 옮긴 후 두 번 클릭 하세요.

길동 중문 폰트를 한글 폰트로 바꿔야겠어요.

와다 이메일을 보냈나요?

길동 보냈어요. 당신 사용할 차례예요.

와다 나는 잠시 홈페이지를 검색한 후, 게임을 할래요.

길동 인터넷 카페에서 이미 반나절이나 보냈군요.

와다 시간이 늦었네요. 우리 빨리 갑시다!

주요 단어

网吧 wǎngbā (명) 인터넷 카페, PC방

长江 chángjiāng (명) 길이가 6,300km에 달하는 중국에서 제일 긴 강인 장강 또는 양자강(扬子江)

南京大学 nánjīng dàxué (명) 난징대학

长江大桥 chángjiāngdàqiáo (명) 장강대교

雄伟 xióngwěi (형) 웅장하다, 웅대하다

壮阔 zhuàngkuò (형) 광활하다, 크다

了不得 liǎobude (형) 대단하다, 큰일 났다

滔滔不绝 tāotāo bù jué (성어) 끊임없이 계속되다

成语 chéngyǔ (명) 성어

源远流长 yuán yuǎn liú cháng (성어) 면면히 이어져오고 있다

师资 shīzī (명) 교사, 선생이 될 만한 인재

方面 fāngmiàn (명) 방면

不愧为 bù kuì wéi (동) ～에 부끄럽지 않다, 손색이 없다

首尔 shǒuěr (명) 서울(과거에는 서울을 汉城으로 표기)

发 fā (동) 보내다, 발송하다

电邮 diànyóu (명) 이메일, 电子邮件의 줄임말, 伊梅 yīméi라고도 함

校门 xiàomén (명) 교문

对面 duìmiàn (명) 맞은편

使用费 shǐyòngfèi (명) 사용료

电脑显示器 diànnǎo xiǎnshìqì, (명) 컴퓨터 화면, 电脑屏幕 diànnǎopíngmù라고도 함

画面 huàmiàn (명) 화면

视窗软件 shìchuāng ruǎnjiàn (명) 윈도우 프로그램

因特网 yīntèwǎng (명) 인터넷 (互联网, 网上이라고도 함)

进入 jìnrù (동) 들어가다, 진입하다

网景 wǎngjǐng (명) 넷스케이프

鼠标 shǔbiāo (명) 마우스

移到 yídào (동) 이동하다

按 àn (동) 누르다

中文字体 zhōngwén zìtǐ (명) 중문 폰트

换 huàn (동) 바꾸다

韩语字体 hányǔ zìtǐ (명) 한글 폰트

该 gāi (동) ～해야 한다, ～의 차례이다, ～해도 싸다

搜索 sōusuǒ (동) 수색하다, 검색하다
网页 wǎngyè (명) 인터넷 홈페이지, 主页zhǔyè 初页chūyē도 통함
玩游戏 wán yóuxì (동사구) 게임을 즐기다, 놀이하다
呆 dāi (형)(동) 멍하다, 머물다
半天 bàntiān (명) 반나절

주석 및 요점

1. 成语

우리나라와 중국의 사자성어의 경우 동일한 표현을 사용하는 경우도 있지만, 동의이자 즉 의미는 같지만 표현법이 상이한 경우도 있다. 대표적인 예를 도표로 정리하면 다음과 같다.

	사자성어	중국식 표현	뜻
1	改过迁善 (개과천선)	改过自新 (개과자신)	과오를 바꾸어 착하게 됨
2	孤军奋斗 (고군분투)	孤军奋战 (고군분전)	외로운 군력으로 적과 싸우는 모습
3	刮目相对 (괄목상대)	刮目相看 (괄목상간)	눈을 비비고 서로 쳐다봄 발전상을 말함
4	金科玉条 (금과옥조)	金科玉律 (금과옥률)	금과 옥처럼 귀중하게 지켜야 할 법칙
5	锦衣还乡 (금의환향)	衣锦还乡 (의금환향)	성공하여 귀향함
6	多事多难 (다사다난)	多灾多难 (다재다난)	일도 많고 어려움도 많음

7	多才多能 (다재다능)	多才多艺 (다재다예)	재주와 능력이 많음
8	明若观火 (명약관화)	洞若观火 (동약관화)	불 보듯 뻔한 상황
9	无依无托 (무의무탁)	无依无靠 (무의무고)	의탁할 곳이 없음
10	博学多识 (박학다식)	博闻广记 (박문광기)	학문이 넓고 아는 것이 많음
11	背水之阵 (배수지진)	背水之战 (배수지전)	물을 등지고 진 친다는 뜻으로 목숨 걸고 싸우는 병법
12	背恩忘德 (배은망덕)	忘恩负义 (망은부의)	은혜를 등지고 배반함
13	百年偕老 (백년해로)	白头偕老 (백두해로)	부부가 오랫동안 함께 살아감
14	父传子传 (부전자전)	父传子承 (부전자승)	그 아버지에 그 아들
15	沙上楼阁 (사상누각)	空中楼阁 (공중누각)	모래 위의 누각. 기초가 약하면 결국 무너진다는 말
16	三顾草庐 (삼고초려)	三顾茅庐 (삼고모려)	인재를 맞이하기 위해 참을성 있게 노력하는 말
17	塞翁之马 (새옹지마)	塞翁失马 (새옹실마)	인생의 길흉회복은 예측하기 힘들다는 말
18	小贪大失 (소탐대실)	贪小失大 (탐소실대)	작은 것을 탐하나가 큰 것을 잃음
19	眼下无人 (안하무인)	目中无人 (목중무인)	눈 아래 사람이 없다는 뜻으로, 교만함을 말함
20	吴越同舟 (오월동주)	同舟共济 (동주공제) 风雨同舟 (풍우동주)	사이가 안 좋은 오와 월 사람들이 함께 배를 탐
21	龙头蛇尾 (용두사미)	虎头蛇尾 (호두사미)	처음은 화려하게 시작하지만 끝은 흐지부지함

22	有口无言 (유구무언)	哑口无言 (아구무언)	입은 있으나 할 말이 없음
23	泣斩马谡 (읍참마속)	挥泪斩马谡 (휘루참마속)	제갈량이 부하 마속을 죽여 군율을 세움
24	人事不省 (인사불성)	不省人事 (불성인사)	사람이나 사실을 못 알아봄
25	一石二鸟 (일석이조)	一箭双雕 (일전쌍조)	돌(화살) 하나로 새 두 마리를 잡음
26	转祸为福 (전화위복)	转危为安 (전위위안)	화가 바뀌어 복이 됨
27	走马看山 (주마간산)	走马观花 (주마관화)	말을 달리며 산(꽃)을 대충 훑어봄을 비유
28	竹马故友 (죽마고우)	青梅竹马 (청매죽마)	어린 시절 친구
29	狐假虎威 (호가호위)	狼假虎威 (낭가호위)	여우가 호랑이 힘을 빌려 위세 부림
30	好事多魔 (호사다마)	好事多磨 (호사다마)	좋은 일에는 방해되는 마가 생기기 쉬움

2. 给의 용법

给는 문장 속에서 동사, 전치사, 조사의 기능을 하는데, 본문 중 "给首尔的朋友发电邮" 구절에서 给는 전치사 기능을 하고 있다. 전치사 기능의 유형을 소개하면 다음과 같다.

1) 朝, 对, 向과 같이 "에게", "향해" 등 방향을 표시

给这儿灌guàn水。给老师行礼。给他送礼(物)。给我打个电话。

2) 为나 替와 같이 "위하여(for the benefit of)", "대신하여"를 의미

给大家帮忙。给他们拿酒去。给人类带来利益。为给人类带来利益而工作。给饥jī饿è者所需要的食物。给伤员包扎zhá。

3) 被와 같이 동사 앞에 놓여 "~에 의해(by)"를 나타내는 피동 기능

机器给弄坏了。屋子里给弄得乱七八糟zāo。房子给火烧掉了。碗给打碎了。

4) 把의 기능

给门送上。快给小狗叫回来。

5) 화자 입장에서의 강압 명령

你给我出去。你给我滚gŭn。

다음으로 동사 기능의 유형은 다음과 같다.

(1) 상대가 받도록 하는 "주다(give, grant, hand)"를 의미

给他礼物。他给我一个电话。给他一张票。我给他字典。给我一片面包。给我面子。他打个电话给我。

(마지막 문장은 연동구문으로 동사는 打와 给이며, 我는 给의 목적어 역할을 함)

(2) 让, 使, 叫와 같이 "~하게 하다(let)", "하게 해주다"를 의미

给我看看。(给를 전치사로 보는 시각도 있음)

(3) 가하다 "加"와 같이 "가하다"를 의미

给他一顿dùn批评。

(4) 동사 뒤에 놓여 교부, 지불, 납부, 맡김을 의미

送给 带给 包给 转给 卖给 交给 寄给 教给 借给 租给 带给 转给 등 몇몇 동사 뒤에 给가 놓여, 준다는 의미를 강조하는 데 사용된다.

他借给我三千元。他寄给我一封信。

이밖에 给는 동사 앞에 놓여 강조의 어기를 나타내는 조사 기능을 하기도 한다.

把门给弄坏了。保不住给忘了。风把门给吹开了。

3. 对面과 斜对面

对面은 바로 맞은편은 가리키고, 건너편 대각선 방향을 가리킬 때는 斜xié对面이라고 한다. 비스듬한 탑은 斜塔, 비스듬히 비추는 것은 斜照, 경사진 언덕은 斜坡라고 한다.

4. 존현구문

본문 중 "画面上开着视窗软件。"은 문장 구문 중 존현구문에 해당한다. 이 문장의 구조는 '장소명사 주어+동사 술어+동태조사着+목적어' 형태를 이루고 있다.

존현구문은 존재를 나타내는 존현구문과 출현이나 소실을 나타내는 존현구문으로 나뉜다. 존재를 나타내는 존현구문은 이상의 형태 외에 '존재대상인 주어+술어+在+장소 목적어', 또는 '존재대상인 주어+장소 부사어+술어+동태조사着' 형태를 이룬다.

墙壁上写着一个标语。 벽에 표어 하나가 쓰여 있다.
有一本书放在桌子上。 어떤 책이 탁자에 놓여있다.
有一位男人在床上躺着。 어떤 남자가 침대에 누워있다.

그리고 출현이나, 소실을 나타내는 존현문은 '장소 주어+술어+了+목적어', '존재대상인 주어+부사어+술어+了',의 형태로 표현된다.

家里来了两位客人。 집에 두 명의 손님이 왔다.
桌子上少了几本书。 탁자 위에 몇 권의 책이 없어졌다.
他们从学校来了。 그들은 학교에서 왔다.

5. 동량사

중국어 품사 중 양사(量词, counter, measure word)는 사람이나 사물을 세는 단위인 명량사와 동작이나 행위의 양을 세는 단위인 동량사로 나뉜다. 본문 중 "按两次"에서 次는 동사 按의 횟수를 나타내는 동량사로 쓰이고 있다. 동량사는 주로 수사와 함께 결합한 수량사의 형태로 문장에서 동량보어 성분으로 사용된다. 자주 사용되는 동량사로는 遍, 次, 趟, 下儿, 回 등이 있다.

这本书我读了一遍。
이 책을 나는 한 번 읽었다. (처음과 끝이 있는 동작의 횟수)

他们见过一次。 그들은 한 번 만난 적이 있다. (반복되는 동작의 횟수)
我们去过中国一回。
우리는 중국에 한 번 간 적 있다. (동작 횟수를 나타내는 구어체 표현)

我来自我介绍一下儿。 자기소개를 한번 하겠습니다. (동작의 차수)

请你到我家来一趟。 우리 집에 한 번 와주세요. (왕래 동작의 횟수)

6. 该 活该 应该 该死

该는 应该와 함께 "마땅히 ～해야 한다"라는 조동사(즉 능원동사) 기능을 한다. 또한 "～의 차례이다"라는 의미의 동사 기능도 한다. 본문 "该你用了"에서는 차례나 순서가 되었다는 의미로 사용되고 있다. 또한 "～해도 싸다"는 의미로도 사용된다.

快十点了，我该回家了。 10시가 다 되어가네, 집에 가야겠어.
该你说了。 네가 말할 차례다.
该死。 제기랄.

7. 了 용법

일반적으로 了는 품사가 조사이며, 그중에서도 동태조사와 어기조사의 두 가지 기능을 가지고 있다. 동태조사로서의 了는 완료나 실현을 나타내거나(我吃了一碗炸酱), 임박함(快要黑了), 또는 상황변화(我弟弟是大学生了)를 나타낸다.

그리고 문장 말미에 놓여 화자의 어투나 어감을 표현하는 어기조사 了는 강조의 어감(这个太贵了), 재촉의 어감(走了), 완곡한 어투(您别生我的气了), 문장 종결의 어투(我吃完饭了)를 나타낸다. 본문 중 "不早了"는 강조의 어투가 담겨있다고 할 수 있다.

8. 吧 용법

어기조사 吧는 일반적으로 문장 말미에 붙여 명령문 중에서 요청, 권유, 재촉의 어감을 나타낸다.

明天早晨6点钟叫醒吧。 내일 아침 6시에 깨워주세요.
来吧! 大家来吃饭吧! 오세요. 여러분 와서 식사하세요.

또한 승낙, 추측, 의문의 어기를 나타낸다.

好吧, 我答应你了。 좋아요, 승낙합니다. (승낙)
大概dàgài是吧。 아마 그럴 겁니다. (추측)
他还在学校吧? 그는 아직 학교에 있겠지요? (의문)

의문의 어기인 경우, 吗보다 어기가 약하며 어조가 내려간다.

알아두기

• 장강을 따라 - 안후이성(安徽省), 후베이성(湖北省)

경제수도 상하이에서 장강을 따라 거슬러 올라가면 장쑤성 난징을 거쳐, 안휘성과 후베이성 이창의 삼협댐에 도착하며, 이후 장강 삼협(长江三峡)과 충칭, 쓰촨성, 윈난성 경계선을 거쳐 발원지인 칭하이성까지 이르게 된다. 우선 장쑤성을 거쳐 통과하는 안후이성과 후베이성을 살펴보자.

안후이성은 중국의 중부이자 양자강 하류지역의 남북에 위치하며, 면적은 작은 편이고 6천만 명의 인구가 거주하고 있다. 고대에는 회이(淮夷)라고 불렸으며 2천년 이상의 역사를 지닌 고도이기도 하다. 인구의 90% 이상이 곡식과 면화 등 농업에 종사하며, 황산 모봉차(毛峰茶) 등 중국 10대 명차 중 네 종류가 안후이성에서 생산될 정도로 차 재배지로도 유명하다. 명대에 중국 최고의 상인들인 휘상(徽商)이 배출된 지역이기도 하다.

주요 도시로는 성도이자 정치, 경제, 문화, 교통의 중심지인 허페이(合肥)가 있다. 조조가 군사를 훈련시킨 장소인 교노대(教弩台) 등 삼국시대의 흔적이 많아 삼국고지(三国故地)라 칭해지기도 하며, 천 년 전 포청천의 주인공이자 청백리의 상징이었던 포증(包拯)의 사당인 포증묘가 있다.

이 밖에 가볼만한 곳으로는 1990년 세계자연보호유산으로 선정되었으며 중국 10대 풍경명승 중 하나인 황산풍경구를 들 수 있다. 성 남부에 위치하며 기송(奇松), 괴석(怪石), 운해(云海), 온천(温泉)의 네 가지 절경으로 유명하다. 중국 도교의 4대 명산 중 하나인 제운산(齐云山)과 불교 4대 명산 중 하나인 구화산(九华山)도 유명하다.

중국 최고의 산인 황산은 중국의 개혁개방과 밀접한 관계가 있다. 덩샤오핑이 황산을 방문한 후 그곳 경치를 중국인들만 보기가 너무 아까워 세계인들이 볼 수 있도록 개방해야겠다는 마음을 먹으면서 개방정책이 시작되었다고 한다. 오늘날 중국이 G2로서의 위상을 누리게 된 배경에는 덩의 개혁개방이 있었고, 그 배경에는 동기부여가 된 황산이 있었다.

황산 전경

안후이성은 초나라 패왕 항우와 그의 애첩인 우미인(虞美人) 간의 비련의 사랑을 노래한 패왕별희(霸王別姬)와도 인연이 깊다. 초와 한 사이의 전쟁이 일어난 곳인 해하가 바로 안후이성에 있기 때문이다. 진나라를 멸한 항우는 패권을 잡기 위해 한 고조 유방과 전쟁을 벌이지만, 바로 해하의 싸움에서 사면초가가 되어 점차 수세에 몰린다. 항우가 "우(虞)야 우(虞)야 어찌할까?"라는 비통한 심정을 담은 해하가를 부르자 이를 들은 우미인은 자결했고, 오강으로 노방산 항우 역시 칼을 뽑아 자살한다. 훗날 우미인의 혈흔이 남은 땅에서 꽃이 피어 사람들이 이를 우미인초라고 불렀는데, 이 풀이 중국담배의 시초가 되었다고 한다.

승리한 유방은 한 고조로 등극하면서, 중앙집권제와 봉건제를 결합

한 고조 유방

초 패왕 항우

한 형태인 군국제를 실시하면서 통치기반을 닦는다. 안정기에 접어들면서 주변 제후들을 제거해갔는데, 개국공신이자 명장인 한신도 포함되었다. 유방을 위해 헌신했던 한신은 누명을 쓰고 죽게 되자 "재빠른 토끼가 죽으면 날랜 사냥개는 삶아 없어지고(狡兔死, 走狗烹), 높이 나는 새가 떨어지면 좋은 활은 구석에 처박히게 되며, 적국이 패하면 지모 있는 신하는 필요 없게 되는구나!"라는 말을 최후로 남기고 사라져간다. 토사구팽(兔死狗烹)이란 고사성어는 바로 여기서 유래한다.

경극(Peking Opera)은 우리의 판소리나 일본의 가부키처럼 중국의 공연문화예술을 대표하는 오페라의 일종이다. 영어 명칭은 남방 발음의 영향으로 베이징 대신 페킹으로 발음한다. 그 기원은 원곡과 명청 전기까지 거슬러 올라간다. 청나라 건륭황제가 80세 생일 때 지방희 중 안후이성 휘극(徽剧)과 장쑤성 곤곡(昆,曲) 후베이성 한극 및 쓰촨 진강(秦腔)에 베이징 궁실극과 민간극을 조화시키고 현지 언어와 풍습을 결합시켜 창작해 낸 극이다. 따라서 경극 형성에는 안후이성과도 밀접한 관련이 있다.

경극 배역은 생, 단, 정, 말, 축으로 나뉘는데, 생은 남자가 배역을 맡고 단은 여자가 배역을 맡는다. 정은 검보(脸谱) 즉 얼굴에 분장을 한 역을 말하는데, 호방한 인물은 검은색과 수염을 달고 사나운 인물은 청색이나 흰색을 쓴다. 말은 노생과 같은 차역을 말하고, 축은 성격이 활발한 어릿광대를 말한다.

이들은 강과 창으로 연출하며, 상징적 동작으로 표현하기도 한다. 경극 반주는 피리 같은 관악기, 이호 같은 현악기, 나고 같은 타악기로 리듬과 분위기를 조절한다. 대표작인 작품으로는 <백사전>, <료천궁>, <패왕별희> 등이 있다.

후베이성(湖北省)은 동정호(洞庭湖) 북쪽에 위치한다고 하여 지어진 이름으로, 춘추전국시대 초와 삼국시대 오의 수도가 위치했던 유구한 역사를 지닌 지역이다. 성도 우한(武汉)은 중국의 배꼽이라고 부를 정도로 대륙 심장부에 위치하고 있다. 중국에서 다섯 번째로 큰 도시인 우한은 한커우, 한양, 우창 등 인접한 3개 도시가 합쳐진 도시이고. 인구는 약 910만 명으로 중부지역에서 가장 많다. 1911년 청을 무너뜨린 신해혁명이 시작된 역사 도시이자, 넓은 평야와 교통 요충지라는 지리적 여건 속에 농업과 상공업이 발달한 도시이기도 하다.

우한의 상징물은 바로 삼국시대 시기인 223년에 세워진 유서 깊은 5층 건물 황학루(黄鹤楼)이다. 지붕은 마치 학이 하늘로 승천하는 듯 진취적 기상이 서려있는데, 누각에 오르면 시 중심을 가로지르는 한수(汉水)와 장강 즉 양자강(扬子江)이 합류하는 두물머리 장관도 즐길 수 있다. 우리에게 잘 알려진 당나라 시인 이백의 시 〈친구 맹호연을 광릉(현 양주)으로 보내며(送孟浩然之广陵)〉에 등장하면서 이 누각은 더욱 유명세를 타게 되었다.

고인서사황학루 (故人西辞黄鹤楼)
언화삼월하양주 (烟花三月下杨州)
고범원영벽공진 (孤帆远影碧空尽)
유견장강천제류 (惟见长江天际流)

옛 친구 서쪽에서 황학루와 이별하고
안개 꽃핀 삼월에 양주로 내려가네.
외로운 돛단배 먼 그림자 푸른 하늘로 사라지니
오직 긴 강만이 하늘 끝으로 흐르네.

이백이 당시 이미 천하에 시명(诗名)을 날리던 10년 위 친구 맹호연이 번화한 도시인 양주로 떠나게 되자, 부러움과 함께 석별의 애틋한

정을 담아 노래한 시이다. 그의 애잔한 마음이 느껴지는 시 구절이다.

우한은 또한 중부지역의 교육 거점 도시이기도 하다. 화중공과대학(华中工科大学)과 우한의과대학 등 명문대학들이 많다. 그중에서도 우한대학(武汉大学)은 중국 10위권 내 대학에 속하며, 본부동이 있는 캠퍼스는 단일 캠퍼스로는 중국 내에서 가장 큰 규모를 자랑한다. 캠퍼스투어를 하다보면, 마치 산속 궁궐을 여기저기 관람하는 듯한 착각에 빠질 정도로 그 규모가 상당히 크다.

장가 유역에 위치한 우한의 여름은 열대야로 인해 매우 후덥하다. 그래서 우한은 난징, 지난, 충칭과 함께 중국 4대 용광로(火炉lú)라고 한다. 2004년에는 2개월 동안 강타한 장강 대홍수로 인해 제방이 붕괴되고 우한 전체가 물바다가 되어 많은 희생이 발생했던 아픈 상처도 남아있다. 3천 명의 사망자와 2억 명의 이재민이 발생하고 5백만 채의 주택이 파괴되었으며, 농경지 침수와 기간망의 파손으로 역 25조원에 이르는 경제적 손실을 감수해야만 했다. 하지만 당국의 지휘 아래 수십만 인민해방군이 사투를 건 홍수와의 전쟁에서 승리함으로써, 민족 단결심을 보여주기도 했다.

우한의 상징 황학루(黄鹤楼)

우한대학(武汉大学) 캠퍼스

후베이성 이창의 삼협댐

뤄양 관림

후베이성에는 이밖에 관우의 묘인 관릉도 있다. 관우가 손권과의 싸움에서 목이 잘리는 참수를 당한 후, 그의 목은 조조에게 보내졌으나 조조는 옛 의리를 살려 그의 머리를 허난성(河南省) 뤄양(洛阳) 관림(关林)에 묻어주었기 때문에 실제로 그의 묘는 두 개가 된다.

• 인터넷, 스마트폰, SNS, 앱, 컴퓨터 관련 용어

网站wǎngzhàn 인터넷 웹사이트
博讯bóxùn 토털사이트 보쉰
百度bǎidǔ(www.baidu.com) 구글 격인 검색사이트 바이두
阿里巴巴ālǐbābā(1688.com) 전자상거래 사이트 알리바바(Alibaba)
小米xiǎomǐ 스마트폰 샤오미
华为huáwéi 스마트폰 등 통신설비 생산회사 화웨이(Huawei)
微信wēixìn 카톡 격인 중국의 위챗 웨이신
微博wēibó 트위터(推特) 격인 중국의 웨이보(미니블로그)
博客bókè 블로그. 블로그 주인은 博主
脸书liǎnshū 페이스북(중국에서는 사용 불가)
多米音乐duōmǐyīnyuè (www.duomi.com) 중국의 음악 사이트 앱 둬미
支付宝zhīfùbǎo 모바일 결제 앱 알리페이(Alipay)
财付通cáifùtōng 웨이신의 모바일결제시스템 텐페이(Tenpay)

计算机jìsuànjī / 脑diànnǎo 컴퓨터

笔记本电脑bǐjìběndiànnǎo 노트북컴퓨터

彩显示屏cǎixiǎnshìpíng 컬러모니터

视窗shìchuāng WINDOW

百万字节bǎiwànzìjié MB(Mega Byte)

高储存量gāochǔcúnliàng GB(Gigar Byte)

硬件yìngjiàn 하드웨어, 소프트웨어는 软件ruǎnjiàn, 운영소프트웨어는 操作软件cāozuòruǎnjiàn

硬盘yìngpán 하드디스크

影箱yǐngxiāng 스피커

打印机dǎyìnjī 프린터. 프린터용지는 打印纸dǎyìnzhǐ

键盘jiànpán 키보드

程序chéngxù / 程式chéngshì 프로그램

驱动qūdòng / 引导yǐndǎo 부팅

死机sǐjī / 当机dāngjī 컴퓨터다운

电脑病毒diànnǎobìngdú 컴퓨터바이러스

输入shūrù 입력하다

安装ānzhuāng 인스톨

下载xiàzài 다운로드

储存chǔcún 저장

网友wǎngyǒu 통신친구

网址wǎngzhǐ 인터넷주소

网聊wǎngliáo / 网络聊天wǎngluòliáotiān 채팅

用友yòngyǒu / 用户yònghù 인터넷 사용자

用户代码yònghùdàimǎ, 사용자 아이디(USER ID)

密码mìmǎ 비밀번호(Password)

上网shàngwǎng 인터넷에 접속

제3과
观看足球比赛 · 축구 경기 관람

여행 중 길동과 와다는
프로축구(职业足球)를 관람하러 간다.

吉童 : 体育新闻说今晚在五台山体育馆有职业足球半决赛。

tĭyùxīnwén shuō jīnwăn zài wŭtáishān tĭyùguăn yŏu zhíyè zúqiú bànjuésài.
티위신원 숴 진완 짜이 우타이산 티위관 여우 즈예 쭈추 반줴싸이.

和田 : 哪个队跟哪个队比赛呢?

năge duì gēn năge duì bĭsài ne?
나거 두이 건 나거 두이 비싸이 너?

吉童 : 山东泰山足球队跟重庆隆鑫足球队。

shāndōng tàishān zúqiúduì gēn chóngqìng lóngxīn zúqiúduì.
산동 타이산 쭈추두이 껀 충칭 룽신 쭈추두이.

和田 : 隆鑫俱乐部在去年足协杯赛上夺得冠军。

lóngxīn jùlèbù zài qùnián zúxiébēi sàishang duódé guànjūn.
룽신 쥐러부 짜이 취녠 쭈셰베이 싸이상 둬더 관쥔.

吉童：泰山俱乐部去年的战绩也很理想。

tàishān jùlèbù qùniánde zhànjī yě hěn lǐxiǎng.
타이산 쥐러부 취녠더 잔지 예 헌 리샹.

和田：像我这样的球迷，什么比赛都喜欢看。

xiàng wǒ zhèyàngde qiúmí, shénme bǐsài dōu xǐhuān kàn.
샹 워 저양더 추미, 선머 비싸이 더우 시환 칸.

吉童：我们现在就走吧！不然时间来不及了。

wǒmen xiànzài jiù zǒu bɑ! bùrán shíjiān láibují le.
워먼 셴짜이 주 쩌우 바! 부란 스젠 라이부지 러.

(축구 경기장에 들어가서 관전하며)

吉童：两队的运动员出场了。

liǎng duìde yùndòngyuán chūchǎng le.
량 두이더 윈둥위엔 추창 러.

和田：双方的拉拉队呐喊助威，非常热闹。

shuāngfāngde lālāduì nàhǎn zhùwēi, fēicháng rènào.
솽팡더 라라두이 나한 주웨이, 페이창 러나오.

吉童：泰山队先取得了一分，以一比零领先。好漂亮的球！

tàishānduì xiān qǔdéle yī fēn, yǐ yī bǐ líng lǐngxiān. hǎo piàoliɑngde qiú!
타이산두이 셴 취더러 이펀, 이 이 비 링 링셴. 하오 퍄오량더 추!

和田：射门！进了！隆鑫队也挽回了一分。守门员非常懊恼。

shèmén! jìnle! lóngxīnduì yě wǎnhuíle yī fēn. shǒuményuán fēicháng àonǎo.
서먼! 진러! 룽신두이 예 완후이러 이 펀. 서우먼위엔 페이창 아오나오.

吉童：结果双方各取一分，以一比一平了。两队势均力敌。

jiéguǒ shuāngfāng gè qǔ yī fēn, yǐ yī bǐ yī píngle. liǎngduì shìjūnlìdí.
제구어 솽팡 거 취 이 펀, 이 이 비 이 핑러. 량두이 스쥔리디.

和田：隆鑫队的前教炼不是韩籍教练吗?

lóngxīnduìde qiánjiàoliàn bùshì hánjí jiàoliàn mɑ?
룽신두이더 자오롄 부스 한지 자오롄 마?

吉童：是. 我们为他骄傲。

shì. wǒmen wèi tā jiāoào.
스. 워먼 웨이 타 자오아오.

해석

길동 스포츠 뉴스에서 오늘 저녁 오대산체육관에서 프로축구 준결승 경기가 있다고 하는데요.

와다 어느 팀과 어느 팀이 시합을 하는데요?

길동 산둥의 태산 축구팀과 충칭의 융흠 축구팀이에요.

와다 융흠 클럽은 작년에 축구협회 배 대회에서 우승했잖아요.

길동 태산 클럽의 작년 전적도 아주 좋았지요.

와다 나 같은 축구 마니아는 무슨 경기든지 다 보는 걸 좋아해요.

길동 우리 지금 곧 갑시다! 그렇지 않으면 시간이 늦어요.

(축구 경기장에 들어가서 관선하며)

길동 양 팀 선수들이 입장하네요.

와다 쌍방의 응원단이 함성을 지르며 응원하는 모습이 아주 시끌벅적합니다.

길동 태산 팀이 먼저 한 골을 넣어 1:0으로 이기고 있네요. 아주 멋있는 슛이네요!

와다 슛! 골인! 융흠 팀도 한 골을 만회했네요. 골키퍼가 매우 괴로

워 하는군요.

길동 결국 쌍방이 각각 한 골을 넣어 1:1로 비겼네요. 두 팀은 실력이 백중세네요.

와다 융흠 팀의 감독이 한국인 감독 아닌가요?

길동 네. 그 사람은 우리의 자랑이죠.

주요 단어

观看 guānkàn (동) 관람하다, 참관하다

足球 zúqiú (명) 축구

比赛 bǐsài (명) 시합, 경기, 대회

职业足球 zhíyè zúqiú (명) 프로축구

体育新闻 tǐyù xīnwén (명) 스포츠 뉴스

五台山体育馆 wǔtáishān tǐyùguǎn (명) 오대산체육관

半决赛 bànjuésài (명) 준결승. 준준결승은 四分之一决赛. 16강전은 八分之一决赛. 타이완에서는 준결승을 准决赛라고 함

山东泰山足球队 shāndōng tàishān zúqiúduì (명) 산둥 태산 축구팀. 山东鲁能泰山队를 말함

重庆隆鑫足球队 chóngqìng lóngxīn zúqiúduì (명) 충칭 융흠 축구팀

俱乐部 jùlèbù (명) 클럽

足协杯 zúxiébēi (명) 축구협회 배, 足协는 足球协会의 줄임말

夺得 duódé (동) 얻다, 달성하다, 이룩하다

冠军 guànjūn (명) 우승, 1등, 챔피언, 그리고 亚yà军，季jì军，殿diàn军은 각각 2등, 3등, 꼴등

战绩 zhànjī (명) 전적

理想 lǐxiǎng (명)(형) 이상, 이상적이다

球迷 qiúmí (명) 축구 팬

来不及 láibují (동) 제 시간에 댈 수 없다, 따라가지 못 한다

运动员 yùndòngyuán (명) 운동선수. 후보는 替补tìbǔ

出场 chūchǎng (동) 얼굴을 내밀다, 나타나다, 출현하다

双方 shuāngfāng (명) 쌍방

拉拉队 lālāduì (명) 응원단

呐喊 nàhǎn (동) 함성을 지르다, 고함치다

助威 zhùwēi (동) 응원하다, 성원하다

非常 fēicháng (부) 매우

热闹 rènào (형) 번화하다, 시끌벅적하다

取得 qǔdé (동) 얻다, 취득하다, 得到와 동의어

分 fēn (명) (단위를 나타내는) 분, 점

以 yǐ (개) ~으로

领先 lǐngxiān (동) 앞장서다, 앞서다

漂亮 piàoliang (형) 예쁘다, (행동 등이) 멋지다

射门 shèmén (동) 슛하다

进 jìn (동) 들다, 나아가다

挽回 wǎnhuí (동) 만회하다

守门员 shǒuményuán (명) 골키퍼

懊恼 àonǎo (형) 번민하다. 유사 표현은 伤脑筋shāngnǎojīn

结果 jiéguǒ (명) 결과

平 píng (형) 비기다, 균등하다. 동의어로는 打平, 平手

势均力敌 shìjūnlìdí (성어) 힘이 비등하다. 유사한 표현으로는 难兄难弟가 있고, 서로 강해서 공존할 수 없다는 표현은 势不两立라고 함.

教炼 jiàoliàn (명) 감독

韩籍 hánjí (명) 한국 국적
骄傲 jiāoào (형) 자랑스럽다(proud)

주석 및 요점

1. 来不及와 가능보어

"시간에 댈 수 없다"를 의미하는 来不及는 동사 来와 부정의 가능보어인 不及가 합쳐진 단어이다. 来不及의 반의어는 来得及이고, 来不及와 来得及의 동의어로는 각각 赶gǎn得及와 赶不及이다.

가능보어는 得를 사용하기 때문에, 정도보어와 구조적으로 유사해보이지만 실제로는 여러 면에서 차이가 있다. 예를 들어 "看得懂"과 "说得好"는 구조면에서는 유사해 보인다.

하지만 '술어+得+가능보어' 구조와 '술어+구조조사 得+정도보어' 형태로서 의미는 각각 "보아서 이해할 수 있다"와 "말을 잘 한다"로서 전자는 동작 행위의 가능여부를 나타내고, 후자는 동작 상태의 정도를 나타낸다. 양자의 부정형식은 "看不懂"과 "说得不好"로서 구조도 달라진다.

의문형식도 전자는 "看得懂吗?", "看得懂看不懂?"이고, 후자는 "说得好吗?", "说得好不好?", "说得怎么样?" 등으로 형식이 달라진다. 또한 정도보어는 "说得非常好。", "说得太好。", "说得相当好。" 등으로 구조 확장이 가능하나, 가능보어는 확장이 불가능하다는 점에서도 차이가 있다.

2. 이합동사

본문에서 出场이나 射门 등의 동사는 '동사+목적어' 구조로 이루어져 있으며, 이러한 동사를 이합동사라고 칭한다. 자주 쓰이는 이합동사로는 帮忙，请客，生气，睡觉shuìjiào，洗澡，上课，见面 등이 있다. 이합동사가 목적어를 필요로 할 경우에는 두 번째 글자를 수식하는 관형어 형태로 만들거나, 전치사를 활용하여 목적어를 동사의 앞이나 뒤에 놓는다. 수량 표시어가 있을 경우에도 이합동사 사이에 넣는다. 또한 동태조사 了, 过, 着 등은 첫 글자 뒤에 넣는다.

我跟他们见面。(我见面他们 (x)) 나는 그들과 만난다.
他毕bì业于蔚wèi山大学。(他毕业蔚山大学。(x)) 그는 울산대학을 졸업했다.
他从北京大学毕业。그는 베이징대학을 졸업했다.
我见他们的面。나는 그들을 만난다.
别生我们的气。우리 때문에 화를 내지마.
我睡了一个小时的午觉。나는 낮잠을 한 시간 잤다.

3. 是자 구문

중국어에서 是는 문법상 동사로서 상황을 판단하고 결과를 표현하는 기능을 하는 등 영어의 be동사와 유사하다. 그 유래가 대명사라는 학설도 있고 주어와 술어를 연결하는 계사 또는 연결사 역할을 하기 때문에 copula라고 불리기도 한다.

是자 구문은 일반적으로 주어와 是 뒤의 목적어가 동일하거나 일부임을 나타낸다. 또한 목적어가 주어의 특징이나 재료를 나타내기도 하고, 주어의 위치에 존재함을 나타내기도 한다.

我是他的爸爸。(等于) 나는 그의 아버지다.
他是中山大学的老师。(属于) 그는 중산대학의 선생님이다.
她是个急性子。그녀는 성격이 급하다.
图书馆旁边是公园。도서관 옆에는 공원이다.(공원이 있다.)

是의 부정은 不是이고, 의문문의 형태는 말미에 어기조사 吗를 붙이거나, 是不是의 형태를 사용한다. 그리고 是 뒤에는 일반적으로 동태조사 着 등이 올 수 없다.

你是老板吗? 你是不是老板? 你是老板不是?
她以前是过我弟弟的女朋友。(x)

4. 축구 관련 용어

월드컵은 世界杯足球比赛shìjièbēizúqiúbǐsài, 개최는 主办zhǔbàn, 또는 举办jǔbàn이라고 한다. 그리고 프로축구 1부리그나 A리그는 甲一联lián赛 또는 足球甲A联赛라고 한다.

축구장은 홈경기장일 경우 主场, 어웨이 경기장일 경우 客场이라고 하고, 경기는 전반과 후반으로 나뉘는데, 전반전은 上半场, 후반전은 下半场, 연장전은 加时赛라고 한다. 승리는 赢yíng, 打败, 패배는 输shū(给), 不敌, 失利라는 표현을 사용하고, 1:0은 一比零, 1:1은 一比一, 또는 各取一分이라고 표현한다. 한편 우리나라 응원

단인 붉은악마들은 红魔hóngmó라고 불린다.

중국의 프로축구팀은 대도시마다 있는데, 예를 들면 베이징에는 北京国安队, 톈진에는 天津太达队, 랴오닝성에는 辽宁宏运队가 있다.

알아두기

• 장강을 따라서- 충칭(重庆)**, 쓰촨성**(四川省)

후베이성 이창 삼협댐에서 베를 타고 서쪽으로 거슬러 올라가면 삼협(三峡)과 적벽대전(赤壁大战)이 일어났던 적벽을 지나 충칭(渝ú라고 불림) 부두에 이른다. 그리고 물줄기는 다시 쓰촨성과 윈난성을 거쳐 발원지 칭하이성에 다다른다.

장강삼협

장강삼협은 서쪽 충칭 봉절현(奉节县)의 백제성(白帝城)에서 동쪽으로 후배이성 이창(宜昌)의 남진관(南津关)에 이르는 구당협(瞿塘峡 33km), 무협(巫峡 44km), 서릉협(西陵峡 72km) 등 세 개의 협곡으로 구성된 총 길이 192km의 계곡 구간을 말한다. 무협은 세밀하고, 서릉협은 험준하며, 구당협은 웅장미가 있다. 삼협 중간에 작은 배로 갈아타고 소삼협으로 들어갈 수 있는데, 맑은 물과 아름다운 경치는 비경에 가깝다. 투자족과 와족이 이곳에 많이 거주하고 있다. 삼협을 따라 올라가면 원숭이가 많이 눈에 들어오는데, 그 옛날 이백의 시 촉도난(蜀道难)에 묘사되었던 원숭이 모습이 연상될 정도다. 장강삼협의 물길은 1994년에 착공하여 2006년에 완공된 삼

10위안 지폐 속 삼협

협댐으로 인해 2003년에는 수위가 135m 정도로 올라갔고, 2008년에는 180m까지 올라가면서 많은 경관이나 유적들이 수몰되기도 하였다.

충칭은 지난, 난징, 우한과 함께 중국 4대 화로(火炉)이자 장강 3대화로로서 습도가 높고 여름에는 더운 편이다. 가파른 언덕이 많아 산성(山城)으로도 불리며, 지형상 이유로 타 지역에 비해 자전거 타는 사람들이 적다. 충칭은 행정구역상 쓰촨성에 속했다가, 1997년에 직할시로 분리되어 나왔기 때문에 쓰촨 문화가 그대로 깃들어 있다. 쓰촨과 함께 충칭의 훠궈(火锅)는 맵기로 유명한데, 이는 습한 이곳 지역 날씨와 관련이 있다.

대한민국 임시정부청사

충칭은 근현대시기에는 국민당 정부와 대한민국임시정부가 있었던 곳으로서 우리와도 인연이 깊다. 또한 쓰촨 군벌의 별장이자 후에 정치범 수용소로 수많은 사람들을 가두고 고문을 가했던 건물인 백공관(白公馆)은 당시의 아픈 역사를 담고 있어서 현재는 많은 관광객들이 방문하고 있다.

네 개의 천이 흐른다고 하여 이름 지어진 쓰찬성의 성도는 청두

(成都)로서, 장편소설 〈삼국지연의〉에 나오는 유비의 촉(蜀)나라 수도이기도 하였다. 옛 삼국시대 유적과 함께 근교에는 많은 유명관광지가 있다. 두보초당(杜甫草堂), 유비의 아들 유선이 제갈량을 기려서 만든 무후사(武侯祠, 제갈공명 사당), 천극(川剧), 수영희(手影戏), 변검(变脸 changing faces) 등을 공연하는 금리(锦里) 옛 거리, 판다번육연구기지(大熊猫繁育研究基地) 등이 시내에 있고 근교에는 아미파 무술로 유명한 아미산(峨嵋山), 청성산(青成山), 세 개의 강의 범람을 막기 위해 만든 낙산대불(乐山大佛), 치수를 위해 건립한 도강언(都江堰)이 있으며, 북쪽에는 황룡(黄龙)과 구채구(九寨沟), 설산을 즐기며 말 트레킹을 할 수 있는 쑹판(松潘) 등 동티베트로 불리는 장족 마을 등이 있다.

그중에서 아미산은 "천하에 빼어난 산(天下秀)"이라는 칭호를 갖고 있으며, 중국 불교 4대 명산 중의 하나로서, 산 속의 만년사(万年寺)는 규모의 웅장함으로 유명하다. 최고봉은 해발 3,099m에 달해 "서남에서 가장 웅장하고 빼어나다(雄秀西南)"고 말하고 있다.

장족의 아홉 마을을 의미하는 구채구(九寨沟) 역시 청두에서 오전에 출발하면 저녁 무렵에 도착할 정도(435km)로 멀리 떨어져 있는데, 천의 색깔이 비취색을 띠며 각기 다른 색깔을 가지고 있는 점이 신기하다. 가는 길목은 개발이 덜 되어 고속도로가 굴곡이 심하고 2차선인데도 소와 말, 야크 등이 돌아다닌다. 울창한 침엽수림과 맑고 푸른빛의 호수, 호수에 잠긴 고목 등 모든 것이 조화롭게 이루어져 있다. 구채구 남쪽 100km에는 우왕 때 황룡이 황룡진인으로 되었다는 전설이 서린 황룡이 있다. 황록청백옥 다섯 색깔의 연못인 오채지가 유명하다.

구채구

황룡

청두의 또 하나의 볼거리로 삼성퇴(三星堆)를 꼽을 수 있다. 중국 현지인들도 강력 추천하는 곳이기도 한데, 이곳에서 발견된 고대 창족을 중심으로 한 독특한 촉 문화 유물들은 매우 진귀하고 가치가 뛰어나다는 평가가 나오고 있다.

• 오악 : 태산(泰山), 화산(华山), 숭산(嵩山), 항산(恒山), 형산(衡山)

중국의 명산으로는 우선 중원을 중심으로 한 오악(五岳)을 들 수 있다. 즉 산둥성(山东省)의 동악 태산, 산시성(陕西省)의 서악 화산, 허난성河南省)의 중악 송산, 산시성(山西省)의 북악 항산, 후난성(湖南省)의 남악 형산 등 다섯 개의 산은 중국인들이 신성시하는 영산이다.

동악 태산은 오악 중에 으뜸에 속하는데, 동(东)은 나무(木)에 속하며 만물이 소생하는 힘을 지닌 봄(春)과 푸름(青)을 상징하고 있어서 역대 황제들이 즉위 때마다 봉선의식을 행하였다. 황제들은 지난에서 서남쪽으로 약 2시간 거리에 있는 타이안에 있는 대묘(岱庙)에서 몸을 깨끗이 한 뒤 제를 올리고 걸어서 태산에 올라 하늘에 제를 올렸다. 평지 무릉도원부터 시작하여 서너 시간 걸어 올라가면서 둘러보면 마치 살아있는 역사박물관처럼 여기저기 비석과 비문 및 유적들이 산재해 있다. 매년 가을에는 태산등반축제가 거행되기도 하는데, 올라가면서 유적을 보고 정상에서 여관이나 여인숙에서 밤을 지새우고 일출을 보고 내려오는 일정도 추천할 만하다.

우리에게도 "태산이 높다 하되…(泰山虽云高, 自是天下山, 登登又登登, 自可到上头, 世人不自登, 每言泰山高)"라는 양사언의 태산가를 통해 잘 알려져 있는 영산이지만 높이는 해발 1542m로서 그다지 높지 않다. 평지에 우뚝 솟아서 더욱 높아 보이고 공자의 고향 취푸 주변에 있기에 성산으로 유명해졌는지도 모른다. 정상에는 도교사원이 있고, 이곳에서는 옥황상제와 태산낭낭을 모시고 있는데, 일부에서는 태산낭낭이 곤륜산의 서왕모라는 주장을 하기도 한다. 태산은 현재 세계문화유산에 등록되어 있으며, 중천문이나 남천문에서 케이블카로 정상에 오를 수 있다. 정상에는 호텔과 여인숙이 있지만 시설은 보통 수준이고, 겨울에 눈이 많이 내리면 등산을 못하는 경우도 있다. 태산의 명물 배추와 두부로 만든 요리는 독특한 맛이 있으며, 태산 특산인 석감당이라는 돌은 기념품으로 인기가 높다.

화산은 해발 1,997m로 조양, 연화, 낙안, 오운, 옥녀의 다섯 봉우리가 특히 빼어난 경치를 자랑한다. 형산은 1,290m의 주봉 축융봉을 위시하여 72개의 봉우리로 구성되어 있으며 명승고적이 많다. 항산은 산시성 동북부에 위치하며 운강석굴로 유명한 다퉁(大同)에서 가깝다. 주봉 현무봉은 2,017m로서 대부분 돌산인데 북방민족에 대한 방어요지의 역할을 하였다. 특히 1,400여 년 전 북조시대에 이곳 항산의 가파른 절벽에 지은 현공사라는 사찰은 눈으로 보면서도 믿기 힘든 불가사의한 건축물이다. 유불도가 함께 모셔진 이곳에서 중국인들의 대동사상을 엿볼 수 있다. 허난성 숭산은 해발 1440m로 태실산, 준극산, 소실산이 주요 봉우리를 이루고 있으며 중국 권법의 발상지인 소림사가 있다.

이밖에 중국 불교 4대 명산으로는 문수보살의 성지인 산시성(山西省) 오대산(五台山), 관음보살의 성지인 광둥성 보타산(普陀山), 지장보살의 성지인 안후이성 구화산(九华山), 보현보살의 성지인 쓰촨성 아미산(峨眉山)이 있다. 또한 오악 외에 황산이 있는데, 사계절에 따라 새로운 모습을 드러내는 경관이 아름다우며, 이 산을 중국 최고의 산으로 평가하는 사람들이 많다.

산둥성 태산

산시성 항산 현공사

허난성 송산 소림사

소림사 탑림

제4과

丢东西 · 물건을 잃어버리다

난징 여행을 마치고 기차역 대합실(候车室)에서 라싸(拉萨)행 기차를 기다리며 TV를 보다가 짐을 잃어버린다.

和田 : 不得了, 我的大包不见了。

bùdéliǎo, wǒde dàbaō bù jiàn le.
부더랴오, 워더 다바오 부 젠 러.

吉童 : 在哪儿丢的?

zài nǎr diūde?
짜이 나얼 듀더?

和田 : 我不太清楚。从洗手间回来就没有了。

wǒ bùtài qīngchu. cóng xǐshǒujiān huílái jiù méiyǒu le.
워 부타이 칭추. 충 시서우젠 후이라이 주 메이여우 러.

吉童 : 我说过在拥挤的地方要注意看好行李。

wǒ shuōguo zài yōngjǐde dìfāng yào zhùyì kànhǎo xíngli.
워 쉬궈 짜이 융지더 디팡 야오 주이 칸하오 싱리.

和田：现在怎么办?

xiànzài zěnmebàn?
센짜이 쩐머반?

吉童：我们先去找警察吧!

wǒmen xiān qù zhǎo jǐngchá ba!
워먼 셴 취 자오 징차 바!

和田：哎呀! 我想起来了, 刚才买票的时候把行李忘在售票处了。

āiyā! wǒ xiǎngqǐlái le, gāngcái mǎi piàode shíhou bǎ xíngli wàng zài shòupiàochù le.
아이야! 워 샹치라이 러, 강차이 마이 퍄오더 스허우 바 싱리 왕짜이 서우퍄오추 러.

吉童：那我们去那边看看。

nà wǒmen qù nàbiān kànkan.
나 워먼 취 나볜 칸칸.

和田：等一下。 好像正在广播寻找旅行包的失主。

děngyīxià. hǎoxiàng zhèngzài guǎngbō xúnzhǎo lǚxíngbaōde shīzhǔ.
덩이샤. 하오샹 정짜이 광보 쉰자오 뤼싱바오더 스주.

吉童：广播说请失主到遗失物服务处。

guǎngbō shuō qǐng shīzhǔ dào yíshīwù fúwùchù.
광보 숴 칭 스주 다오 이스우 푸우추.

和田：那我们赶快去吧!

nà wǒmen gǎnkuài qù ba!
나 워먼 간콰이 취 바!

吉童：能够找回来, 真是侥幸。

nénggòu zhǎo huílái, zhēnshì jiǎoxìng.
넝거우 자오 후이라이, 전스 자오싱.

和田：很抱歉，让你跟我一起着急。

hěn bàoqiàn, ràng nǐ gēn wǒ yīqǐ zháojí.
헌 바오첸, 랑 니 껀 워 이치 자오지.

吉童：不要紧。现在可以放心了。

bùyàojǐn. xiànzài kěyǐ fàngxīn le.
부야오진. 셴짜이 커이 팡신 러.

해석

와다 큰일 났네, 내 큰 가방이 안보여요.

길동 어디서 분실한 거죠?

와다 잘 모르겠어요. 화장실에서 돌아오니 없어졌어요.

길동 붐비는 곳에서는 주의해서 짐을 잘 보고 있으라고 했잖아요.

와다 이제 어떻게 하지요?

길동 우선 경찰을 찾으러 갑시다!

와다 아참! 생각이 났는데, 아까 표를 살 때 깜박하고 매표소에 짐을 두고 왔네요.

길동 그럼 그쪽으로 가봅시다.

와다 잠깐만. 지금 여행가방 분실자를 찾는 방송이 나오는 것 같아요.

길동 방송에서 분실자는 분실물보관소로 오라고 하네요.

와다 그럼 빨리 갑시다!

길동 찾아올 수 있어서 정말 다행이네요.

와다 미안해요, 나 때문에 함께 마음 졸이게 해서.

길동 괜찮아요. 이제 마음 놓아도 되겠군요.

주요 단어

拉萨 (명) 시짱자치구의 성회 라싸

丢 diū (동) 잃다, 버리다

东西 dōngxi (명) 물건

不得了 bùdéliǎo (형) 큰일 나다

大包 dàbaō (명) 큰 가방

清楚 qīngchu (형)(동) 분명하다, 또렷하다, 이해하다

洗手间 xǐshǒujiān (명) 화장실

回来 huílái (동) 돌아오다

拥挤 yōngjǐ (형) 붐비다, 혼잡하다

注意 zhùyì (동) 주의하다

怎么 zěnme (대) 어떻게, 어찌, 어째서

办 bàn (동) 처리하다

警察 jǐngchá (명) 경찰

哎呀! āiyā! (감) 아이구!

想起来 xiǎngqǐlái (동) 생각이 나다

刚才 gāngcái (명) 지금, 막, 방금

时候 shíhou (명) 때, 시간, 동안

售票处 shòupiàochù (명) 매표서

广播 guǎngbō (동)(명) 방송하다, 방송, 라디오방송

寻找 xúnzhǎo (동) 찾다

旅行包 lǚxíngbaō (명) 여행가방

失主 shīzhǔ (명) 분실자

遗失物服务处 yíshīwù fúwùchù (명) 분실물보관소

赶快 gǎnkuài (부) 빨리, 속히, 어서

能够 nénggòu (동) 할 수 있다
找回来 zhǎo huílái (동) 찾아오다
侥幸 jiǎoxìng (형) 요행스럽다
抱歉 bàoqiàn (동) 미안해하다, 죄송하다
着急 zháojí (동) 조급해하다, 초조해하다
不要紧 bùyàojǐn (형) 괜찮다
放心 fàngxīn (동) 마음을 놓다, 안심하다

주석과 요점

1. 丢

丢는 무엇인가를 잃어버렸을 때 사용된다. 또한 예를 들면 "请别丢垃lā圾jī。(쓰레기를 버리지 마세요.)" 문장에서처럼 丢는 投나 扔rēng과 같이 사물을 던지거나 버린다는 의미로도 쓰인다. 이밖에 丢脸이나 丢人은 "창피하다", "체면을 잃다"를 의미하는 표현이다.

2. 不得了

큰일 났을 때 쓰는 표현이면서, 정도가 심한 경우나 대단한 경우에도 사용된다. 不得了는 了不起나 了不得와도 의미가 통한다.

不得了，失火了。큰일 났네, 불이 났어.
茶水烫得不得了。차가 너무 심하게 뜨겁다.
真不得了。정말로 대단하네.

3. 동태조사 过

본문 "我说过" 중 过는 동태조사이다. 过는 경험이나 완료를 나타낸다.

他曾经去过广州。그는 전에 광저우에 간 적이 있다.(경험)
我们已经吃过晚饭了。우리는 이미 저녁밥을 먹었다.(완료)

过가 완료를 나타내는 경우에는 了를 붙일 수 있다. 그리고 판단을 나타내는 在, 是, 认识, 明白나 일회성 동작인 死, 出生 등의 뒤에는 过를 사용할 수 없다.

4. 결과보어

본문 중 "看好"에서 好는 동사 술어 看 뒤에 붙어 결과보어 역할을 한다. 결과보어로는 完, 好, 到, 懂, 见, 给, 掉, 住, 成 등이 사용되며 동사나 형용사 술어 뒤에 붙어 동작의 결과를 보충해준다. 또한 결과보어 뒤에는 대부분 동태조사 了가 수반된다.

5. 哎呀와 감탄사

감탄사는 감탄이나 대답 등의 어투를 나타내는 품사로 단독으로 사용한다. 哎呀는 놀람이나 불만, 아픔 등을 나타낼 때 사용하고, 유사한 표현으로는 哎哟aiyō(에구머니), 哎呦aiyōu(아이고), 哎唷āiyō(아야) 등이 있다. 탄식의 어투인 唉āi(아휴), 사람을 부를 때 쓰는

喂wèi(여보세요), 요구나 추궁, 놀람이나 감탄의 어투인 啊ā(아), 이상하다는 어투인 诶ēi(어), 대답 시에 사용하는 嗯ńg, ń(응, 어, 그래), 채팅 용어인 嗯嗯 등도 있다.

6. 把자구문

把자구문은 술어의 대상을 전치사 把를 활용하여 앞으로 이동시킨 후, 행위주체가 어떻게 처리하였는지를 나타내는 구문이다. 행위의 결과나 상태 등을 나타내기 때문에 문장 말미에 부가성분으로서 동태조사(了나 着), 또 다른 목적어, 동량보어, 결과보어, 정도보어, 방향보어, 보어+목적어 등이 동반된다.

我把我的自行车卖了。나는 내 자전거를 팔았다.(동태조사)
他把那个消息告诉我。그는 그 소식을 나에게 말했다.(목적어)
我把这本书读一遍了。나는 이 책을 한번 읽었다.(동량보어)
他把那本书看完了。그는 그 책을 다 읽있다.(결과보어)
他把行李忘在家里了。그는 짐을 깜박하고 집에 두었다.(보어+목적어)

7. 刚才와 刚刚

둘 다 동작이 발생한 지 얼마 되지 않음을 나타내는데, 刚才는 시간명사로서 주어 앞이나 술어 앞에 놓일 수 있지만, 刚刚은 부사로서 술어 앞에만 놓인다. 刚刚은 또한 “딱”의 의미도 가지고 있다.

他刚刚从美国回来。그는 막 미국에서 돌아왔다.
刚才他打了电话给你。방금 그가 너에게 전화를 했다.
刚刚好。딱 좋다.

8. 起来, 回来와 방향보어

방향보어는 동작의 방향을 보충해주는 역할을 하는 보어이다. 본문 중 "想起来", "找回来"에서 起来나 回来가 방향보어 성분이다. 방향보어로는 来, 去가 있고, 上, 下, 进, 出, 回, 过, 起 뒤에 来나 去를 붙여 복합방향보어 형태로도 활용할 수 있다. 방향보어는 추향보어라고 칭하기도 한다.

9. 可以와 조동사

조동사 可以는 허가나 조건을 나타낸다.

室内可以抽烟吗? 실내에서 흡연을 해도 됩니까?

能은 천부적으로 능력이 있는 경우나 허가의 의미를 나타낼 때 사용한다.

你能做菜吗? 당신은 요리를 할 수 있나요?
这儿能拍照吗? 여기에서 사진을 찍을 수 있습니까?

会는 학습을 통해 익힌 능력을 나타내는 경우나 추측의 의미로서 "~일 것이다"를 뜻할 때 사용한다.

我会说法语。나는 프랑스어를 할 줄 안다.
他一定会做完。그는 반드시 해낼 것이다.
明天她不会来。내일 그녀는 오지 않을 것이다.

조동사 要는 "~하려고 하다", "~해야 한다"의 의미가 있다.

明年我要跟他一起去游览比利时。
내년에 나는 그와 함께 벨기에 여행을 가려고 한다.

睡觉之前，要先洗脸。잠을 자기 전에 세수를 해야 한다.

조동사 愿意는 "~하기를 원하다", "~하기를 바라다"는 의미를 지닌다.

我们都愿意参加后天的运动会。
우리 모두 모레 운동회에 참가하길 원한다.

조동사 得는 "~해야 한다"는 의미를 나타낸다.

你感冒了，得吃点药。너는 감기에 걸렸으니, 약을 좀 먹여야 한다.

조동사의 부정은 得를 제외하고는 모두 不만을 사용한다. 그리고 조동사의 위치는 보통 본동사 앞에 놓인다. 다만 전치사구의 부사어는 조동사와 본동사 사이에 놓이며, 연동구문이나 겸어구문의 경우 앞선 동사 앞에 놓인다.

我弟弟明年想在中国学习中国文化。
내 동생은 내년에 중국에서 중국문화를 배우고 싶어 한다.

我想去图书馆读书。 나는 도서관에 가서 책을 읽고 싶다.

他要请你去他那儿吃晚饭。
그는 네가 그곳에 가서 저녁밥을 먹도록 청하려고 한다.

알아두기

• 시짱(西藏)자치구와 티베트문화

쓰촨성 서쪽에 위치한 시짱자치구는 티베트인 즉 장족(藏族)의 자치구이다. 성회 라싸(拉萨)는 해발 3,600m에 위치하고 있고 햇빛이 강해 일광성(日光城)이라고 불린다. 라싸는 '신이 사는 성스러운 땅'이라는 뜻으로 티베트에서 가장 발달한 도시이자 티베트불교의 성지이기도 하다. 주민 대다수가 티베트족이고 라마교를 신봉하는데 그들에게 있어 종교는 생활의 전부라고 할 만큼 신앙심이 대단하다.

7세기 티베트 왕 송첸캄포에 의해 건설된 이 도시에는 당시 불교가 네팔을 거쳐 유입되면서 본이라는 독자적 종교와 결합되어 라마교라는 종교가 탄생된다. 정교일치의 체제는 17세기 정치와 종교를 한 손에 쥐고 있는 통치자인 달라이라마 5세 때부터 시작이 되었다. 현재는 내란과 전쟁의 소용돌이 속에서 달라이라마가 인도로 망명갔고, 티베트는 1965년에 자치구로 성립되었다.

도시 내 포탈라궁(布达拉宫)은 라싸의 상징이라 할 수 있는 건물로 높이 117m에 13층이고 동서 길이는 360m에 달한다. 티베트 최초로 통일왕조를 이룩한 송첸캄포가 당나라 문성공주(文成公主)를 위해 창건했다. 그 뒤 전쟁에 의해 파괴되었으나 17세기 달라이라마 5세에 의해 현재의 포탈라궁이 재건되었다. 궁은 크게 달라이라마의 거실, 사무실 등 정부의 행정기능을 담당하던 백궁(白宫)과 달라이라마 5세의 사당, 그리고 많은 영탑(灵塔, 유해를 미라로 봉납하고 여러 가지 장식을 해놓은 것)들이 있는 홍궁(红宫)으로 나뉜다. 외국인이 많이 찾는 관계로 유창한 영어로 설명해주는 라마승들도 많다.

라싸는 포탈라궁과 함께 대소사(大召寺, 조캉사원)도 유명하다. 라싸의 상징은 포탈라궁이라고 할 수 있지만 자세히 보면 라싸가 대소사를 중심으로 구성된 도시라는 것을 알 수 있다. 대소사는 티베트불교의 중심사원으로 순례를 오는 사람들로 항상 북적인다.

대소사 주위를 도는 길은 팔각가(八角街 Barkhor)라고 부르는데, 티베트족들은 손으로는 전경통(转经桶) 즉 안에 경전이 두루마기처럼 말려있는 마니차를 돌리며 입으로는 옴마니반메훔이라는 육자진언(六字真言)을 외우고, 오체투지를 하며 이 길을 시계 방향으로 돈다. 라마교는 큰소리로 경을 외는 것을 수양의 한 방법으로 삼는 진언종 계열로서 이러한 장면은 대소사에서도 볼 수 있다.

티베트문화의 특징 중 하나는 독특한 장례문화다. 전통적으로 천장 즉 조장(鸟葬)을 하는데, 천장은 사체를 해부해야 하는 과정이 있고, 이를 제사장과 같은 전문인이 담당한다. 비용이 들기 때문에 돈이 없는 사람들은 수장을 하고, 악인들은 토장을 한다.

티베트 야크고기덮밥

티베트 전통 요리

오체투지하는 모습

조캉사원 광장

경전 오색기

포탈라궁 순례

제5과
坐火车 · 기차를 타고

길동과 와다는
난창(南昌)으로 가는 기차에 오른다.

吉童：候车室里的人实在是太多。

hòuchēshìlidè rén shízài shì tài duō.
허우처스리더 런 스짜이 스 타이 둬.

和田：确实如此。

quèshí rúcǐ.
췌스 루츠.

(이때 안내방송이 들려온다.)

站内广播：旅客们请注意! 前往南昌的列车到了。
请到三号出口检票。

lǚkèmen qǐng zhùyì! qiánwǎng nánchāngde lièchē dàole. qǐng dào sānhào chūkǒu jiǎnpiào.
뤼커먼 칭 주이! 첸왕 난창더 례처 다오러. 칭 다오 싼하오 추커우 젠퍄오.

和田：票和行李都拿了，我们走吧!

piào hé xíngli dōu ná le, wǒmen zǒu ba!
퍄오 허 싱리 더우 나 러, 워먼 쩌우 바!

吉童：请问，在几号站台上车呢?

qǐngwèn, zài jǐ hào zhàntái shàngchē ne?
칭원, 짜이 지 하오 잔타이 상처 너?

检票员：二号站台。从这儿出去往右拐就是。

èr hào zhàntái. cóng zhèr chūqù wǎng yòuguǎi jiùshì.
얼 하오 잔타이. 총 저얼 추취 왕 여우과이 주스.

(기차에 올라)

吉童：我们先把行李放在行李架上。

wǒmen xiān bǎ xíngli fàng zài xínglǐ jiàshang.
워먼 센 바 싱리 팡 짜이 싱리 자상.

和田：好，头一次在中国坐火车旅行让我心里怦怦跳。

hǎo, tóuyīcì zài zhōngguó zuò huǒchē lǚxíng ràng wǒ xīnli pēngpēng tiào.
하오, 터우이츠 짜이 중궈 쭤 훠처 뤼싱 랑 워 신리 펑펑 탸오.

吉童：火车开始走了，我们十四天十三夜的长征也开始了。

huǒchē kāishǐ zǒu le, wǒmen shí sì tiān shí sān yède chángzhēng yě kāishǐ le.
훠처 카이스 쩌우러, 워먼 스 쓰 텐 스 싼 예더 창정 예 카이스 러.

和田：肚子饿了，我们去餐车吃饭吧!

dùzi è le, wǒmen qù cānchē chīfàn ba!
뚜쯔 어 러, 워먼 취 찬처 츠판 바!

吉童：我有点儿累，我们还是买盒饭吃吧。

wǒ yǒudiǎr lèi, wǒmen háishi mǎi héfàn chī ba.
워 여우디알 레이, 워먼 하이스 마이 허판 츠 바.

和田：按时刻表，到南昌起码要八个小时。

àn shíkèbiǎo, dào nánchāng qǐmǎ yào bā ge xiǎoshí.
안 스커뱌오, 다오 난창 치마 야오 바 거 샤오스.

吉童：那估计明天早晨六七点钟到达南昌。

nà gūjì míngtiān zǎochén liù qī diǎnzhōng dàodá nánchāng.
나 구지 밍톈 짜오천 류 치 뎬중 다오다 난창.

和田：下次我们坐高铁旅游吧！车内熄灯了。好好儿睡觉！

xiàcì wǒmen zuò gāotiě lǚyóu ba! chēnèi xīdēng le. hǎohāor shuìjiào!
샤츠 워먼 쭤 가오톄 뤼여우 바! 처네이 시덩 러. 하오하올 수이자오!

吉童：晚安！

wǎn ān!
완 안!

해석

길동 대합실에 사람들이 정말이지 너무 많네요.

와다 정말 그러네요.

(이때 안내방송이 들려온다.)

역내방송 여행객 여러분! 난창 행 열차가 도착했습니다. 3번 출입구에 가셔서 검표하세요.

와다 표와 짐 다 챙겼으니 갑시다!

길동 말씀 좀 묻겠는데요, 몇 번 플랫폼에서 승차하나요?

검표원 2번 플랫폼입니다. 여기서 나가셔서 오른쪽에 있어요.

(기차에 올라)

길동 먼저 짐을 선반 위에 올려놓읍시다.

와다 네, 중국에서의 첫 기차 여행이라 가슴이 두근두근 뜁니다.

길동 기차가 움직이기 시작하네요. 우리의 13박 14일의 장정도 시작합니다.

와다 배고픈데, 식당차로 가서 밥 먹지요!

길동 좀 피곤하니까, 도시락을 사서 먹는 게 나을 것 같네요.

와다 열차 시간표에 따르면, 난창까지 적어도 8시간은 걸리겠군요.

길동 그럼 내일 이른 아침 6-7시경에 난창에 도착하겠군요.

와다 다음에는 고속철을 타고 여행하죠. 차안이 소등됐네요. 잘 자요!

길동 좋은 밤 되길!

주요 단어

南昌 nánchāng (명) 장시성의 성도 난창

候车室 hòuchēshì (명) 대합실

实在 shízài (형)(부) 착실하다, 참으로, 정말

确实 quèshí (부) 확실히, 정말로. 동의어는 的确

如此 rúcǐ (대) 이러하다

站内 zhànnèi (명) 역내

旅客们 lǚkè (명) 여행객

前往 qiánwǎng (동) 나아가다

列车 lièchē (명) 열차

到 dào (동) 이르다

出口 chūkǒu (명) 출구

检票 jiǎnpiào (동) 검표하다, 개찰하다

请问 qǐngwèn (동) 말씀 좀 여쭈어보겠습니다

站台 zhàntái (명) 플랫폼, 月台와 동의어. 인터넷상의 플랫폼은 平台

上车 shàngchē (동) 타다

检票员 jiǎnpiàoyuán (명) 검표원

往 wǎng (동)(개) 향하다, 향해

拐 guǎi (동) 돌아가다

放 fàng (동) 놓다

行李架 xínglǐjià (명) 짐받이 선반

头 tóu (형) 처음, 첫 (수량사 앞에 쓰임)

让 ràng (동) 하게 하다, 양보하다

心里 xīnli (명) 마음속, 가슴속

怦怦跳 pēngpēngtiào (동) 두근거리다

长征 chángzhēng (명) 1934～1935년까지의 홍군의 12,500km 대장정

肚子 dùzi (명) 배, 복부, 위

饿 è (형) 배고프다

餐车 cānchē (명) 식당 칸, 식당차

盒饭 héfàn (명) 도시락. 찬합 즉 도시락 통은 饭盒

按 àn (동)(개) 누르다, ～에 의거하여

起码 qǐmǎ (부) 적어도

估计 gūjì (동) 추측하다, 예측하다. 동의어는 估量

到达 dàodá (동) 도달하다, 도착하다
高铁 gāotiě (명) 고속철. 动车와 통용됨
车内 chēnèi (명) 차내
熄灯 xīdēng (동) 불을 끄다, 소등하다
好好儿 hǎohāor (부) 충분히, 푹
睡觉 shuìjiào (동) 잠을 자다
晚安 wǎn ān (형) 편히 쉬세요, 안녕히 주무세요

주석과 요점

1. 화제(话题, topic word)

본문에서 "票和行李都拿了"에서 주어 票和行李는 실제로는 화제(话题) 또는 주제어(topic word) 라고 할 수 있다. 화제는 문장 앞으로 이동된 이미 인지한 대상이 되는 성분을 말한다. 구어체에서 많이 사용되며 하나의 화제에 여러 개의 진술내용을 첨가할 수도 있다.

我的作业做完了。나의 숙제는 다 했다.
这部电影人人都很欣赏，因为内容精彩。
이 영화는 사람들 모두다 매우 좋아한다. 왜냐하면 내용이 훌륭하기 때문이다.

중국어에서는 동작 주체인 행위자뿐만 아니라 동작의 대상이나 도구 등도 주어가 될 수 있는데, 주로 화제 또는 주제어가 들어간 문장에서 그러한 예를 볼 수 있다.

2. 让과 겸어구문

본문에서 "旅行让我心里怦怦跳。" 문장은 겸어구문 문장이다. 겸어구문이란 한 문장에 두개 이상의 술어가 나오는데, 그중 첫 번째 술어의 목적어가 두 번째 술어의 주어가 되면서 두 가지 문장성분을 겸하는 문장을 말한다. 겸어구문에 사용되는 동사로는 让, 使, 请, 叫, 派, 劝 등 사역, 요청, 명령 등을 표현하는 동사와 是와 有 등 설명이나 존재를 나타내는 동사 등이다.

他不让我出去。 그는 내가 나가지 못하게 한다.
学校派我们去中国工作。 학교는 우리를 중국에 가서 일하도록 했다.
老师叫我们带来英文书。 선생님은 우리에게 영어책을 가져오라고 한다.
他请我们吃一顿饭。 그는 우리와 식사 한 끼 하기를 청한다.
是他们去过日本。 그들이 일본에 간 적이 있다.
我有个弟弟在杭州读大学。
나는 항저우에서 대학에 다니는 동생이 한 명 있다.

3. 十四天十三夜(14 days 13 nights)

1박2일은 两天一夜로 표현한다. 이처럼 중국어의 여행기간 표현은 泊(night)과 日(day)의 어순이 우리와 반대인 영어와 같다. 따라서 3박 4일은 四天三夜, 4박 5일은 五天四夜라고 표현한다. 아래의 단어를 중국어로 말해보자.

7박 8일 ________ 9박 10일 ________ 5박 6일 ________

4. 有点儿과 一点儿

一点儿은 소량을 표시하는 부정(不定) 수량사로서 '조금', '약간'을 뜻하고, 有(一)点儿은 부사로서 보통 형용사나 동사를 수식하며 경미한 정도를 표시한다. 일반적으로 전자가 후자보다는 많음을 표시한다. 권유나 청유의 경우에는 술어 뒤에 一点儿을 붙인다.

后天早一点儿来。모레 조금 일찍 오세요.
请多吃一点儿吧。많이 좀 드세요.
我有点儿疼。나는 좀 아픕니다.

5. 要, 得, 花

시간이 걸린다는 표현을 할 때, 要, 得, 花를 사용한다.

坐出租车从我家到学校要一个半小时。
택시를 타고 우리집에서 학교까지 한 시간 반이 걸린다.

坐公交车从蔚山到釜山得两个钟头。
버스를 타고 울산에서 부산까지 두 시간이 걸린다.

从首尔到大田要花两小时。
서울에서 대전까지 두 시간이 걸린다.

6. 到达와 达到

到达는 어느 목적지에 도착함을 나타낼 때 사용하며, 동의어로는 抵dǐ达가 있다. 达到 주로 노력에 의해 목표에 이르거나 어느 정도에 다다름을 나타낼 때 사용된다.

列车准时到达厦门站。열차가 정시에 샤먼역에 도착하다.
安全抵达。안전하게 도착하다.
终于达到了我们的目标。마침내 우리의 목표에 도달했다.

7. 从~ 到~

'~로부터 ~까지(from~ to~)'의 뜻을 나타내는 개사로서, 시간이나 장소의 출발점과 도착점을 나타낸다.

我从八点到十二点上课。나는 8시부터 12시까지 수업을 합니다.
从首尔到蔚山要五个小时。서울에서 울산까지 다섯 시간 걸립니다.

알아두기

• 중국 기차여행

개혁개방정책 실시 이후, 중국사회의 변화와 쾌속성장을 상징적으로 보여주는 것이 바로 중국의 고속철 출현과 보편화이다. 이제는 거의 어디서나 시속 300km가 넘는 속도로 달리는 허세하오(和谐号) 둥처(动车)를 이용할 수 있다. 이는 수송과 유통의 혁명으로서, 중국의 변화에 속도감을 더해주고 있다. 현재도 수백 조원의 자금을 투자하면서 충칭-쿤밍, 청두-라싸 노선 철길을 건설하는 등 전국적으로 고속철도망 확충에 애를 쓰고 있다. 하이퍼루프라는 진공터널에서 자기부상열차를 음속에 가까운 시속 1224km로 운행하는 차세대 이동수단도 건설 예정이다.

예전에는 상하이에서 샤먼까지 가려면, 또는 베이징에서 시안까지 가려면 저녁에 기차를 타고 침대칸(软卧, 硬卧)에서 하루를 보내고 다음날 오후 목적지에 내렸는데, 지금은 아침에 타면 오후에 내려 여행을 할 수 있다. 좌석마다 우리나라 SRT처럼 충전 콘센트가 있어서 편리하다. 헤이룽장성 하얼빈에서 랴오닝성 선양까지도 서너 시간이면 갈 수 있다. 도시마다 건설된 최신 고속철 역은 시설도 훌륭하지만 엄청난 승객 수요에 맞추었기 때문에 그 규모도 어마어마하게 크다.

고속철은 편리하기는 하지만, 시간에 촉급하지 않다면 기존 일반기차를 타고 다니는 중국여행도 묘미가 있다. 또한 시짱 라싸에서 칭하이성과 간쑤성, 시안을 거쳐 가는 열차는 험준한 산과 고원이라는 지형적 특성 때문에 아직도 고속철이 없고 일반 칭짱열차(青藏列车)를 타야한다. 라싸에서 시안까지는 40시간을 타고 가야하지만, 열차 내부에는 산소공급기도 있고 침대칸도 있으며, 칭짱고원에 펼쳐진 아름다운 자연경관을 보며 갈 수 있기에 나름대로 이국적인 여행의 맛을 느낄 수 있다.

고속철과 둥처의 열차표는 G나 D로 표시를 하고, 일반 열차표는 T, K 등으로 표시한다. 일반 기차의 좌석은 가격이 저렴한 잉쭈어(硬座)와 조금 비싼 루안쭈어(软座) 두 종류가 있는데, 아무래도 루안쭈어가 편리하다. 노선에 따라 이층열차도 있고 침대차도 있다. 침대차의 경우 값이 싼 잉우어와 비싼 루안우어가 있는데, 루안우어 내에서도 4인1실과 비싼 2인1실이 있다. 표를 구입할 때 여권이나 신분증을 보여주는데, 이는 표에 이름과 신분증 번호를 표기하여 역내로 들어갈 때 다시 신분증과 대조함으로써 테러나 사고 방지를 하기 위함이라고 한다.

중국 기차에는 대부분 식당 칸이 있어서 중간에 이곳에 들러 식사를 하며 담소를 나눌 수도 있고, 도시락 카트를 이용할 수도 있다. 고속철의 경우에는 아침에 차를 탄 후 식단메뉴를 보고 예약주문하면 식사 때가 되어 음식이 편리하게 좌석까지 배달되기도 한다. 또한 열차 내에는 뜨거운 물이 비치되어, 차를 마시거나 컵라면 먹는 것을 좋아하는 중국인들 기호에 맞추고 있다.

• 장시성(江西省) 난창(南昌)과 루산(庐山)

장시성은 예로부터 감(赣gàn)이라고 불렀다. 그래서 자동차 번호판에도 감(赣)이라고 적혀있으며, 이 지역 방언도 감 방언이라고 부른다. 장시성은 수도(水都)라고 불릴 정도로 물로 둘러싸여있다. 상하이에서 고속철을 타고 저장을 지나 남서쪽으로 3시간 40분가량 내려가면 장시성 성도인 난창에 도착한다. 난창 역시 지형적으로 어머니강인 751km의 감강으로 둘러싸여있다.

난창의 미식거리인 성진타(绳金塔)에는 샹구러우빙탕(香菇肉饼汤)과 같은 음식을 맛볼 수 있는데, 이곳에는 특히 홍고추와 청고추를 넣어 만든 매운 요리가 많은 편이다. 시내 중심에는 8.1광장이 있고 가운데에는 팔일난창기의기념탑(八一南昌起义纪念塔)이 세워져있다. 1924년 국민당과 공산당이 북벌 등을 이유로 1차 국공합작을 시작했지만 1927년 상하이 쿠데다 후 결렬되었고, 그해 8월 1일 공산당과 국민당좌파가 공산당의 우경화를 저지하기 위해 연합하여 이곳 난창에서 봉기를 일으킨 것을 기념하는 광장이다. 난창은 인물도 많이 배출하였는데, 대표적인 인물로는 당송팔대가의 하나인 구양수를 꼽을 수 있다.

3대 누각 중 하나인 등왕각(滕王阁)도 빼놓을 수 없다. 당나라 때인 653년에 당 고조 이연의 아들 이원영(李元婴)이 이곳에서 홍주도독(洪州都督)을 맡으면서 지은 것이다. 가무악 배우들을 데려와서 종일 가무회를 열었다고 하는데, 이원영이 후에 등왕으로 봉해졌기 때문에 이 누각을 등왕각으로 불렀다고 한다. 등왕각 뒤편으로는 감강이 흐르고 건너편은 전통 건물과는 대조적인 현대식 건물로 즐비하다.

장시성에는 도자기로 유명한 징더전(景德镇), 유채꽃과 단풍이 아름다운 시골 마을 우위엔(婺源)도 가볼만하고, 북쪽으로 올라가면 예로부터 여름에도 시원하여 명사들이 별장을 짓고 피서를 즐긴다는 주장(九江)의 루산(庐山)도 유명한 관광지이다. 국민당 장제스와 《대지》를 쓴 작가 펄벅 여사의 별장도 이곳에 있다.

당나라 이백이 이곳을 방문하여 지은 시 〈망여산폭포(望庐山瀑布)〉 중 "폭포는 하늘을 날아 3천자 아래로 떨어지니, 마치 은하수가 구천에서 떨어진 듯 하다(飞流直下三千尺, 疑是银河落九天)"는 구절은 지금도 인구에 회자되고 있다. 백거이가 이곳에 귀양을 와서 초당을 짓고 유람하면서 복숭아꽃이 만개한 것을 보고 감상에 젖어 쓴 시 〈대림사도화(大林寺桃花)〉도 유명하다.(人间四月芳菲尽, 山寺桃花始盛开. 长恨春归无觅处, 不知转入此中来.)

이밖에도 아름다운 협곡 속에 신룡이 기교를 부려 주원장을 구했다는 전설이 서린 천교, 풍광이 멋진 험봉, 8대 신선 중 하나인 여동빈이 승천했다는 자연동굴 선인동도 볼만하다.

등왕각

징더전 도자기

루산

• 길 묻기 표현

중국여행 시에는 길을 물어야 하는 경우가 자주 발생한다. 간혹 중국인이 물어오는 경우도 있다. 그러므로 우선 길을 묻는 데 쓰이는 상용 단어와 표현요령을 익혀둔다면 자신 있게 묻고 대답하며 알아들을 수 있다. 먼저 자주 사용되는 단어를 소개하면 다음과 같다.

十字路口	네거리	三岔chà路口	삼거리
路口	길목	第二个路口	두 번째 길목
红绿灯	신호등	马路	도로
对面	건너편	过马路	길 건너다
(一)直走	곧장 가다	往(向)前走	앞으로 가다
往右拐	우회전하다	往左拐	좌회전하다
掉头	유턴하다	往南拐	남쪽으로 돌다
就是 / 就到	바로 거기다	那个楼	저 건물
路	길 (road)	街	길 (street)
号	호	楼	층

예를 들어 학교 가는 길을 물을 때는 '学校在哪儿?' 또는 '到(또는 去)学校怎么走?'라고 묻는다. 이에 대한 대답은 여러 경우를 생각할 수 있는데, 우선 도보로 갈 수 있는 경우에 다음과 같은 표현이 있을 수 있다.

就在那儿。바로 저기에 있어요.

前面就是。바로 앞입니다.

在旁边儿。옆에 있습니다.

马路对面。길 건너편입니다.

一直往前走就是。곧장 앞으로 가면 됩니다.

沿着(挨着)这条马路一直走就到。이 길을 따라 쭉 가면 됩니다.

往右拐(左拐)一直走就到。우측(좌측)으로 돌아 쭉 가면 됩니다.

다음과 같이 네거리나 신호등 또는 길목에서 좌우회전을 하는 조금 복잡한 경우도 있다.

一直走, 到十字路口往右拐就到。
곧장 가다가, 네거리에서 우회전하면 됩니다.

一直走, 到第二个路口往左拐就到。
곧장 가다가, 두 번째 길목에서 좌회전하면 됩니다.

一直走, 在红绿灯往南(北)走就到。
곧장 가다가, 신호등에서 남쪽(북쪽)으로 가면 됩니다.

一直走, 到十字路口往左拐就在东边儿(银行旁边儿/ 路东)。
곧장 가다가, 네거리에서 좌회전하면 동쪽 편(은행 옆/ 동쪽편)에 있습니다.

중국인들은 동쪽, 북쪽, 남쪽 편 등 동서남북으로 길의 방향을 설명하는 경우가 많으므로, 자신이 위치한 곳의 동서남북 방향을 정확히 파악해 두는 것도 필요하다. 다음 문장을 중국어로 옮겨보세요.

곧장 가다가, 네거리에서 우회전하면 바로 길 서쪽 편에 있어요.

____

곧장 앞으로 가다가, 세 번째 길목에서 우회전하면 됩니다.

____

제6과

游览苏州 1 · 쑤저우 여행 1

정원(园林)의 도시 쑤저우에 도착하여 여행을 한다.

吉童 : 拙政园是苏州四大园林之一。

zhuōzhèngyuán shì sūzhōu sì dà yuánlínzhī yī.
줘정위엔 스 쑤저우 쓰 다 위엔린즈 이.

和田 : 它与留园, 网师园等已经确定为世界文化遗产。

tā yǔ liúyuán, wǎngshīyuán děng yǐjīng quèdìng wéi shìjiè wénhuà yíchǎn.
타 위 류위엔, 왕스위엔 덩 이징 췌딩 웨이 스제 원화 이찬.

吉童 : "江南园林甲天下, 苏州园林甲江南", 确实如此。

"jiāngnán yuánlín jiǎ tiānxià, sūzhōu yuánlín jiǎ jiāngnán", quèshí rúcǐ.
"장난 위엔린 자 톈샤, 쑤저우 위엔린 자 장난", 췌스 루츠.

和田 : 除了园林之外, 苏州的水、桥、美人也闻名于海内外。

chúle yuánlín zhīwài, sūzhōude shuǐ, qiáo, měirén yě wénmíng yú hǎinèiwài.
추러 위엔린 즈와이, 쑤저우더 수이, 챠오, 메이런 예 원밍 위 하이네이와이.

吉童：所以俗话说“上有天堂，下有苏杭”。

suǒyǐ súhuà shuō “shàng yǒu tiāntáng, xià yǒu sūháng”.
쒀이 쑤화 숴 “상 여우 톈탕, 샤 여우 쑤항”.

和田：自古以来苏州和杭州并称为人间天堂，果然名不虚传。

zìgǔyǐlái sūzhōu hé hángzhōu bìng chēng wéi rénjiān tiāntáng, guǒrán míngbùxūchuán.
쯔구이라이 쑤저우 허 항저우 빙 청 웨이 런졘 톈탕, 궈란 밍부쉬촨.

吉童：现在过马路去看狮子林和民俗博物馆。

xiànzài guò mǎlù qù kàn shīzilín hé mínsú bówùguǎn.
셴짜이 궈 마루 취 칸 스쯔린 허 민쑤 보우관.

和田：我在博物馆详细地看了丝绸的生产过程。

wǒ zài bówùguǎn xiángxìdi kàn le sīchóude shēngchǎn guòchéng.
워 짜이 보우관 샹시디 칸 러 쓰처우더 성찬 궈청.

吉童：苏州丝绸很有名。过一会儿我要买条丝绸领带。

sūzhōu sīchóu hěn yǒumíng. guò yīhuìr wǒ yào mǎi tiáo sīchóu lǐngdài.
쑤저우 쓰처우 헌 여우밍. 궈 이후얼 워 야오 마이 타오 쓰처우 링따이.

(후추(虎丘)로 이동하여)

和田：虎丘塔跟欧洲的比萨斜塔一样是斜的。

hūqiūtǎ gēn ōuzhōude bǐsā xiétǎ yīyàng shì xiéde.
후추타 건 어우저우더 비싸 셰타 이양 스 셰더.

吉童：传说塔下面是吴王藏剑的剑池。

chuánshuō tǎ xiàmian shì wú wáng cáng jiànde jiànchí.
촨숴 타 샤멘 스 우 왕 창 젠더 젠츠.

和田：春秋时南方吴国的遗迹留在这儿。

chūnqīu shí nánfāng wúguóde yíjì liú zài zhèr.
춘추 스 난팡 우궈더 이지 류 짜이 저얼.

吉童："吴越同舟"，"卧薪尝胆"，"西施浣纱"也跟这里有关。

"wúyuè tóngzhōu", "wòxīn chángdǎn", "xīshī huànshā "yě gēn zhèlǐ yǒuguān.
" 우웨 퉁저우", "워신 창단", "시스 환사 " 예 건 저리 여우관.

和田：现在去苏州大学留学生宿舍住一天吧!

xiànzài qù sūzhōu dàxué liúxuésheng sùshè zhù yī tiān ba!
센짜이 취 쑤저우 다쉐 류쉐성 쑤서 주 이 톈 바!

해석

길동 졸정원은 쑤저우 4대 정원 중의 하나죠.

와다 유원, 망사원 등과 함께 이미 세계 문화유산으로 확정되었지요.

길동 "강남의 정원은 천하에서 제일이고, 쑤저우의 정원은 강남에서 제일"이라는 말 그대로네요.

와다 쑤저우는 정원 외에 물, 다리, 미인의 도시로도 내외에 이름이 알려져 있죠.

길동 그래서 "위로는 천당이 있고, 아래로는 쑤저우와 항저우가 있다" 라는 말을 하는군요.

와다 자고로 쑤저우는 항저우와 더불어 인간세상의 천당으로 칭하는데, 과연 이름 그대로군요.

길동 지금 길 건너 사자림과 민속박물관을 관람하러 가죠.

와다 나는 박물관에서 비단의 생성 과정을 자세히 보았어요.

길동 쑤저우 비단은 아주 유명하죠. 조금 이따가 실크 넥타이를 하나 사야겠어요.

(후추(虎丘)로 이동하여)

와다 후추의 탑은 마치 유럽의 피사의 사탑처럼 비스듬히 기울어져 있군요.

길동 전설에 의하면 탑 아래에는 오나라 왕이 검을 숨겨놓았다는 검지가 있네요.

와다 춘추 당시 남방 오나라의 유적이 이곳에 남아있군요.

길동 "오월동주", "와신상담", "서시완사"도 이곳과 연관이 있지요.

와다 이제 쑤저우대학 유학생 기숙사로 가서 하루 머물죠!

주요 단어

苏州 sūzhōu (명) 장쑤성 쑤저우
园林 yuánlín (명) 정원
拙政园 zhuōzhèngyuán (명) 졸정원
留园 liúyuán (명) 유원
网师园 wǎngshīyuán (명) 망사원
确定 quèdìng (동) 확정하다
世界文化遗产 shìjiè wénhuà yíchǎn (명) 세계문화유산
江南 jiāngnán (명) 강남
甲 jiǎ (명) 제일. 甲天下는 천하제일, 세상에서 가장 뛰어나다는 의미
除了～之外 chúle zhīwài (개) ～을 제외하고는. 除了～以外와 동일
桥 qiáo (명) 다리

美人 měirén (명) 미인
闻名 wénmíng (형) 유명하다
海内外 haǐnèiwài (명) 국내외
所以 suǒyǐ (접) 그래서, 따라서
俗话 súhuà (명) 속담, 옛말
天堂 tiāntáng (명) 천당
苏杭 sūháng (명) 쑤저우와 항저우
自古以来 zìgǔyǐlái (부) 예로부터
并 bìng (부) 결코
称为 chēngwéi (동) ～라고 부르다, 일컫다
果然 guǒrán (부) 과연
名不虚传 míngbùxūchuán (성어) 명성이 헛되이 퍼진 것이 아니다
马路 mǎlù (명) 도록, 큰길
狮子林 shīzilín (명) 사자림
民俗博物馆 mínsú bówùguǎn (명) 민속박물관
详细 xiángxì (형) 상세하다. 반의어는 不详
丝绸 sīchóu (명) 비단, 실크
生产 shēngchǎn (동) 생산하다
过程 guòchéng (명) 과정
领带 lǐngdài (명) 넥타이
虎丘塔 hūqiūtǎ (명) 오나라 합려가 묘가 안장되어 있는 곳인 후추탑
欧洲 ōuzhōu (명) 유럽
比萨斜塔 bǐsā xiétǎ (명) 피사의 사탑
传说 chuánshuō (명) 전설
下面 xiàmian (명) 아래
吴王 wú wáng (명) 오나라 왕

藏 cáng (동) 숨기다
剑池 jiànchí (명) 검지
春秋 chūnqīu (명) 춘추시대
吴越同舟 wúyuè tóngzhōu (성어) 오월동주
卧薪尝胆 wòxīn chángdǎn (성어) 와신상담
西施浣纱 xīshī huànshā (성어) 서시환사. 서시가 빨래를 하다
有关 yǒuguān (동)(형) 관련이 있다, 관계가 있다, 관계가 있는
苏州大学 sūzhōudàxué (명) 쑤저우대학, 전신은 둥우대학(东吴大学)
留学生 liúxuésheng (명) 유학생
宿舍sùshè (명) 기숙사

주석 및 요점

1. 甲

甲는 명사로서 제일을 의미하고, 등급으로는 일등이다. 자연경관이나 민속과 역사 방면에서의 유적에 대해 최고의 찬사를 보낼 때 이 글자를 자주 활용한다. 甲와 함께 天下第一라는 표현도 사용한다.

桂林山水甲天下。(광시) 구이린의 산수는 천하제일이다.
漓江山水甲桂林。(광시) 리장의 산수는 구이린에서 제일이다.
山海关是天下第一关。(허베이) 산해관은 천하제일의 관문이다.
黄鹤楼是天下江山第一楼。(후베이) 황학루는 천하강산에서 제일의 누각이다.
井冈山是天下第一山。(장시) 정강산은 천하제일의 산이다.

2. 전치사 除了

전치사 除了는 "~을 제외하고는"의 의미를 나타내며, 종종 之外(以外)와 함께 쓰이기도 한다. 또한 还, 也, 只와 호응하여 "~외에 또"를 의미하가도 하고, 就是와 호응하여 "~않으면 ~을 하다"

除了你没有别人了。너밖에는 없다.
除了你以外，我没有其他朋友。너 외에 나는 다른 친구들이 없다.
除了上班挣钱，还要照顾孩子。
출근하여 돈 버는 것 외에 또 아이를 돌봐야 한다.
除了玩，就是睡觉。노는 것 빼고는 잠만 잔다.

3. 부사 也, 又

부사 也는 서로 다른 주체의 동작이 유사함을 강조하는 반면, 又는 동일한 주체가 과거에 행했던 동작을 동일하게 반복하거나 규칙적으로 중복하는 상황을 강조하는 데 쓰인다. 한편 再는 미래에 반복됨을 나타내며 청유문에도 쓰인다.

我也去过加拿大。나도 캐나다에 가본 적 있어요.
他又来了。(지난번에 오더니 이번에도) 그가 또 왔다.
后天你再来看病吧。모레 다시 진료 받으러 오세요.

4. 접속사 所以

접속사 所以는 일반적으로 절과 절 사이를 연결하는 역할을 하며, 앞뒤 문장이 수식관계, 특히 인과관계임을 나타낸다. 주로 앞에 종속절을 유도하는 접속사 因为와 함께 사용한다. 유사한 표현으로는 因此가 있지만, 因为와 함께 사용하지는 않는다.

因为他生病了，所以我替他上课。
그가 병이 나서 내가 그 대신 수업을 합니다.

天气不好，因此我们打算下星期再出去比赛。
날씨 좋지 않아서 우리는 다음 주에 다시 시합하러 나갈 생각입니다.

5. ‘A 跟(和) B 一样’과 동등 비교 구문

본문에서 “虎丘塔跟欧洲的比萨斜塔一样是斜的。” 문장은 비교 구문이자 동등 비교이다. 거의 같은 경우에는 ‘A 跟(和) B 差不多’, 같지 않고 다른 경우에는 ‘A 跟(和) B 不太一样’ 또는 ‘A 跟(和) B 不一样’의 형태를 사용한다.

他的个子跟我一样高。그는 키가 나와 똑같이 크다.
他的说法和我的差不多。그의 견해는 나와 거의 같다.
你的性格和我不太一样。너의 성격은 나와 좀 다르다.
我的看法跟他的完全不一样。나의 의견은 그와 완전히 다르다.

6. 是와 有

본문 중 "塔下面是吴王藏剑的剑池"는 "탑 아래는 오왕이 검을 숨겨둔 검지이다"라고 해석되며, 이 是자 구문에서는 목적어가 주어의 위치(장소)에 존재하고 있음을 나타내고 있다. 이 문장은 '장소명사+是+(장소에 있는 존재인) 목적어' 형태를 지니는데, 이와 유사한 구문으로 '장소명사 주어+有+(장소에 있는 존재인) 목적어' 형태의 존현구문이 있다. 하지만 전자의 목적어는 장소의 유일한 존재이고, 후자는 목적어는 장소의 유일한 존재가 아니라는 점에서 차이가 있다.

桌子上是他的书包。 탁자 위는 그의 책가방이다.(다른 물건은 없음)
厨房里有大锅子。 주방에는 큰 냄비가 있다.(다른 물건들도 있음)

알아두기

• 쑤저우와 강남문화

강남문화를 대표하는 지역은 중국 장쑤성 쑤저우와 저장성 항저우라고 해도 무방할 정도로 양 도시는 강남 전통문화와 색채가 잘 보존되어 있다. "위로는 천당이 있고, 아래로는 쑤저우와 항저우가 있다"는 말처럼 쑤항(苏杭)으로 병칭되는 양 지역은 예로부터 곡창지대여서 물산이 풍부하고 문화가 발달하였으며 도시와 농촌 모두 생활수준이 높고 주민들의 소양이 깊다. 기후 좋고 산물이 풍부하여 '지상천국'으로 불려오면서 강남문화의 표본이 되어왔다.

양 지역 모두 호수와 강이 많고 운하가 도시를 관통하는 등 물이 풍부하여 물의 도시라고 불렸고 동양의 베네치아라고도 불렀다. 지형상 지표면이 낮아 운하를 파면서 나온 흙을 이용하여 둑을 쌓고 마을을 조성했다. 이렇게 해서 지표면을 높이고 운하를 이용하여 수상교통을 열어가는 일석이조의 효과를 얻었던 것이다. 그리고 물위로는 아름다운 다리를 많이 건설하였다. 강남의 따뜻한 기후 탓에 형성된 정원과 도시의 건축물들은 아담하면서도 진취적인 곡선미를 살리면서 조용하고 평온하면서도 아름다운 강남문화의 색채를 더욱 농후하게 만들었던 것이다.

쑤저우는 춘추시대와 삼국시대에 오(吴)나라의 중심지였고, 항저우는 춘추시대에는 월(越)나라, 남송시대에는 수도(당시 임안)였기에 유서 깊은 역사문화가 곳곳에 산재해있다. 특히 춘추시대에 쑤저우와 항저우는 양국의 중심지로서 오월동주(吴越同舟), 오월춘추(吴越春秋), 와신상담(卧薪尝胆)과 같은 역사고사와 성어들을 만들어냈다.

이밖에 장쑤성의 전장(镇江), 우시(无锡), 볶음밥으로 유명한 양저우(扬州), 저장성의 사오싱(绍兴), 자싱 우전(乌镇) 등도 강남문화의 정취를 느낄 수 있는 도시들이다.

• 쑤저우의 정원문화

쑤저우의 졸정원(拙政园)과 유원은 베이징의 이화원, 허베이성 청더(承德)의 이궁과 함께 중국 4대정원에 속할 정도로 그 건축미와 예술미는 높이 인정받고 있다. 세계문화유산에 등재된 졸정원은 원래 당나라 시인 육귀몽의 집이었다가 원대에 대굉사로 바뀌었던 것을 명나라 때 왕헌신이 중앙에서 뜻을 이루지 못하고 고향에 돌아와 칩거하면서 개축한 것이다. 졸정원이란 이름은 진나라의 반악이 쓴 글

가운데 "채소밭에 물을 주고 채소를 가꾸는 것도 보잘 것 없는 사람들의 위정이다"라는 글귀에서 따온 것이다. 영어로는 졸정원을 'Humble Administrator's Garden(미천한 행정가의 정원)'이라고 번역한다. 졸정원은 동, 중, 서 세 부분으로 나뉘는데, 그 핵심은 중원에 집중되어 있다. 중원에는 원향당, 향주, 독특한 모양의 견산루와 파산랑, 해당, 파초가 빼곡히 들어선 비파원 등 건축물이 적절히 배치되어 있다. 정원 너머로 저 멀리 후추탑이 조화를 이루고 있다. 졸정원은 중국 정원의 특색을 한눈에 살펴 볼 수 있을 정도로 뛰어난 대표 정원이다.

중국 정원은 자연 경치를 집안에서 조성해 놓고 감상할 수 있게 하는데 주안점을 두고 있다. 곳곳에 연못을 파고 주변에 기암괴석으로 풍취를 돋우며, 나무를 심고 이를 감상할 수 있게 정자를 세워놓은 것이 특징이다. 연못의 연꽃, 정자와 정자를 이어주는 통로와 다리, 연못 주변 수목들의 배치가 정원의 골격을 이루고 있다. 정자 지붕 끝이 제비꼬리처럼 치켜 올라간 것이 특징이며 안쪽에는 탁자와 의자가 있어서 여기에 앉아 술과 차를 마시며 시와 음악을 즐길 수 있게 설계되어있다.

특히 사면에는 창을 내어 사방의 경치를 볼 수 있도록 하였다. 앞쪽으로 멀리 호수와 산의 무습을 바라보고, 서쪽으로 연못의 연꽃을, 동쪽에는 소나무와 대나무의 정취를, 뒤쪽에는 기암괴석과 난초를 볼 수 있게 조성해 놓았다. 또한 경치를 보는 각도에 따라 연못의 달을 감상할 수 있는 곳, 설경을 바라보는 곳 등 사철 정취를 잘 느낄 수 있는 곳에 정자를 세워 두었다.

명대에 건축된 유원은 규모는 작고 아담하지만 구조가 짜임새가 있으며 다양한 나무들로 아름다움을 더한다. 그리고 사자림(狮子林)은 원나라 1350년에 만들어진 정원으로 호수의 석가산으로 이름이 알려졌기 때문에 '가산왕국'이라고도 한다. 전체면적 10,000㎡ 가운데 태호에서 가져온 태호석이 절반을 차지하고 있다. '사자림'

이라는 이름은 이곳의 기묘한 바위들이 각기 사자의 모양을 닮았다고 해서 붙여진 것이다. 신선이 이곳에 100마리의 사자를 숨겨 놓았는데, 왕이 99마리밖에 찾아 내지 못해 아쉬워했다는 전설도 있다. 사자림 내부의 동굴은 미로처럼 이어져 있기 때문에 관광객들이 서로 빤히 바라볼 수 있는 위치에 있는데도 상대방에게 가는 길을 찾지 못하는 경우도 있다. 총 21개의 동굴이 있다.

제7과
在药房 · 약국에서

길동과 와다는 시내를 구경하다가
약국에 들러 약을 산다.

吉童 : 这是城市里最繁华的闹市区, 名叫观前街。

zhè shì chéngshìli zuì fánhuáde nàoshìqū, míng jiào guànqiánjiē.
저 스 청스리 쭈이 판화더 나오스취, 밍 자오 꽌첸제.

和田 : 苏州菜很有名, 其中鲑鱼松鼠更闻名中外。

sūzhōu caì hěn yǒumíng, qízhōng guīyú sōngshǔ gèng wénmíng zhōngwài.
쑤저우 차이 헌 여우밍, 치중 구이위 쑹수 겅 원밍 중와이.

吉童 : 逛街后我们去尝尝吧!

guàngjiē hòu wǒmen qù chángchang ba!
광제 허우 워먼 취 창창 바!

和田 : 我的喉咙有点痛, 我想去药房买点儿药。

wǒde hóulóng yǒudiǎn tòng, wǒ xiǎng qù yàofáng mǎi diǎnr yào.
워더 허우룽 여우뎬 퉁, 워 샹 취 야오팡 마이 디알 야오.

吉童：正好前面有药房，中药和西药都有。我们进去吧!

zhènghǎo qiánmian yǒu yàofáng, zhōngyào hé xīyào dōu yǒu. wǒmen jìnqù ba!
정하오 첸멘 여우 야오팡, 중야오 허 시야오 더우 여우. 워먼 진취 바!

(약국에 들어가서)

和田：我觉得喉咙发炎了。好像是扁桃腺炎。

wǒ juéde hóulóng fāyán le. hǎoxiàng shì biǎntáoxiànyán.
워 줴더 허우룽 파옌 러. 하오샹 비엔타오셴옌.

药师：这是六神丸和念慈庵枇杷露。含化效果更好。

zhè shì liùshénwán hé niàncíān pípálù. hánhuà xiàoguǒ gèng hǎo.
저 스 류선완 허 녠츠안 피파루. 한화 샤오궈 겅 하오.

和田：这些都是口服药吗?

zhèxiē dōushì kǒufúyào ma?
저셰 더우스 커우푸야오 마?

药师：是，每天三次，马上就见效。

shì, měitiān sān cì, mǎshàng jiù jiànxiào.
스, 메이톈 싼 츠, 마상 주 젠샤오.

吉童：请给我介绍一种胃不舒服的时候吃的药。

qǐng gěi wǒ jièshào yīzhǒng wèi bù shūfude shíhou chīde yào.
칭 게이 워 제샤오 이중 웨이 부 수푸더 스허우 츠더 야오.

药师：这是快胃片，是中药制成的成药。

zhè shì kuàiwèipiàn, shì zhōngyào zhìchéngde chéngyào.
저 스 콰이웨이펜, 스 중야오 즈청더 청야오.

和田：你胃痛吗?

nǐ wèitòng ma?
니 웨이퉁 마?

吉童：不是。这是送给我妈妈的。

bùshì. zhè shì sòng gěi wǒ māmade.
부스. 저 스 쑹 게이 워 마마더.

和田：我们出去喝一杯甘蔗汁再走。

wǒmen chūqù hē yī bēi gānzhèzhī zàizǒu.
워먼 추취 허 이 베이 꽌저즈 짜이쩌우.

해석

길동 여기가 도시에서 가장 번화한 구역인 관전가라는 곳이군요.

와다 쑤저우 요리는 유명한데 그 중 계어송서는 더욱 국내외적으로 유명하지요.

길동 거리를 구경한 후에 가서 맛을 봅시다!

와다 목이 좀 아파서 약국에서 약을 사야겠어요.

길동 마침 앞에 약국이 있는데, 한약과 양약 모두 있네요. 들어갑시다!

(약국에 들어가서)

와다 목에 염증이 생겼어요. 아마 편도선염인 것 같아요.

약사 이건 육신환과 염자암비파로인데요. 입안에서 천천히 삼키면 효과가 더욱 좋아요.

와다 이것들은 다 내복약입니까?

약사 네, 하루에 세 번 복용하시면 곧 효과를 볼 거예요.

길동 위가 안 좋을 때 먹는 약을 소개해주세요.

약사 이건 쾌위편인데, 중약으로 만든 성약이예요.

와다 위에 통증이 있나요?

길동 아니요. 이건 어머니께 드리려고요.

와다 우리 나가서 사탕수수 주스 한 잔 먹고 갑시다.

주요 단어

药房 yàofáng (명) 약국. 동의어는 药店, 药铺, 药局

城市 chéngshì (명) 도시

繁华 fánhuá (형) 번화하다

闹市区 nàoshìqū (명) 번화가

名叫 míng jiào (동) ~라고 불리다

观前街 guànqiánjiē (명) 쑤저우의 번화 거리인 관전가

苏州菜 sūzhōu caì (명) 쑤저우 요리

其中 qízhōng (대) 그 중에, 그 안에

鲑鱼松鼠 guīyú sōngshǔ (명) 계어송서

中外 zhōngwài (명) 중국과 외국

逛街 guàngjiē (동) 아이쇼핑하다

喉咙 hóulóng (명) 목구멍, 인후

痛 tòng (형) 아프다. 동의어는 疼téng

前面 qiánmian (명) 앞

中药 zhōngyào (명) 중약

西药 xīyào (명) 양약

觉得 juéde (동) 느끼다
发炎 fāyán (동) 염증이 생기다
扁桃腺炎 biǎntáoxiànyán (명) 편도선염
六神丸 liùshénwán (명) 육신환
念慈庵枇杷露 niàncíān pípálù (명) 염자암비파로
含化 hánhuà (동) 천천히 삼키다
效果 xiàoguǒ (명) 효과
更好 gèng (부) 더욱
口服药 kǒufúyào (명) 내복약。액체인 경우는 口服液yè
见效 jiànxiào (동) 효과를 보다
时候 de shíhou (명) 때, 무렵
快胃片 kuàiwèipiàn (명) 쾌위편
制成 zhìchéng (동) ~으로 만들다
成药 chéngyào (명) 성약, 조제약
胃痛 wèitòng (명) 위통
送 sòng (동) 주다, 보내다
甘蔗汁 gānzhèzhī (명) 사탕수수 주스

주석 및 요점

1. 叫와 관계표현 구문

叫는 姓과 함께 주어와 목적어의 관계를 표현하는 관계표현 구문, 특히 호칭 관계를 나타낼 때 사용된다.

你叫什么名字? 너는 이름이 뭐예요?
我姓金。나는 성이 이씨입니다.

소속 관계를 나타낼 때는 属, 동등 관계를 나타낼 때는 等于, 닮음 관계를 나타낼 때는 像을 사용한다.

我属猪，你属狗。나는 돼지띠고, 당신은 개띠입니다.
五加三等于八。5 더하기 3은 8이다.
我弟弟很像妈妈。내 동생은 엄마를 많이 닮았다.

2. 前面과 방위명사

前面과 같이 방향을 나타내는 방위명사로는 다음과 같은 단어들이 있다. 边 대신 面으로 바꾸어 사용해도 무방하다.

前	前边儿(qiánbianr)	앞 쪽
后	后边儿(hòubianr)	뒤 쪽
左	左边儿(zuǒbianr)	왼 쪽
右	右边儿(yòubianr)	오른쪽
上	上边儿(shàngbianr)	위 쪽
下	下边儿(xiàbianr)	아래쪽
里	里边儿(lǐbianr)	안 쪽
外	外边儿(wàibianr)	바깥쪽

3. 更과 비교구문

본문 중 "效果更好"에서 更은 비교구문, 특히 상대 비교구문에 해당한다. 비교주체는 비교대상의 상태보다 더욱 심하다는 점을 나타낸다. 독립적으로 사용할 수도 있고, 比자 차등비교 구문과 함께 사용할 수도 있다.

武汉的夏天很热，厦门的夏天更热。
우한의 여름은 매우 더운데, 샤만의 여름은 더 덥다.
明天会更好。내일은 더 좋아질 거야.
今年比去年更冷。올해는 작년보다 더 춥다.

4. 发炎과 병세

일상적으로 발생하는 병이나 증세로는 감기 感冒, 발열 发烧shāo, 发热, 콧물 流鼻bí水, 재채기 打喷pen嚏tì, 두통 头疼, 피부염 皮肤炎, 골절 骨折, 소화불량 消化不良, 설사 拉肚子, 차멀미 晕车 등이 있다. 약 조제 표현은 配药, 약을 복용하다는 표현은 服药, 열이 내렸다는 표현은 烧退了, 몸조리 잘 하라는 표현은 调tiáo理，补身, 완치는 根治, 난치는 难治라고 표현한다. 유행성 병으로는 조류독감 禽qín流感, 사스(SARS) 非典/重症急性呼吸综合征, 메르스(MERS) 中东呼吸综合征 등이 있다.

5. 再

부사 再는 "또", 다시", "재차"의 의미로서 일반적으로 동작의 중복을 나타내고 주로 아직 실현되지 않은 행위를 가리킨다.

服务再服务。 서비스 또 서비스
这个问题下次再说吧。 이 문제는 다음에 다시 말하자.

하지만 본문 중 "我们出去喝一杯甘蔗汁再走。"에서처럼 再가 "~하고 나서", "~한 뒤"의 의미로서 어떤 동작이 다른 동작이 끝난 후에 나타남을 가리킬 때 사용하기도 한다.

我们看完电影再去吃晚饭。 우리 영화를 다 보고나서 저녁을 먹자.

이밖에도 再는 "계속 ~한다면"이라는 가정의 어투를 나타내기도 한다.

你再不说话，就可能没有机会了。
네가 말을 하지 않으면, 아마 기회가 없을 거야.

알아두기

• 중의(中医) 문화

중국에서는 한의원을 중의원(中医院), 한의나 한의사를 중의(中医),

한약을 중약(中药)이라고 한다. 중국의 한의원은 대부분 한의과대학부설 또는 일반대학부설로 운영되고 있는데, 중국 정부에서 상당한 지원을 하고 있어서 수준이 높은 편이라 일반인들이 많이 이용하고 있다.

중국 한의 역사는 신농(神农)과 황제(黄帝) 시대부터 시작되었으며, 《황제내경(黄帝内经)》이 전해지고 있지만 이는 전설에 가깝고, 역사적으로는 편작(扁鹊)과 화타(华陀)까지 거슬러 올라간다. 편작은 특히 진단방법을 시진, 청진, 문진, 진맥의 사진법으로 체계화하였다. 화타는 동한 시기의 사람으로 신의(神医)라고 불릴 정도로 의술이 뛰어났으며, 특히 복강종양수술 등의 외과수술을 시행했고, 서양보다 천여 년 앞서 마비산(麻痹散)이라는 전신마취제도 발명하였다. 진(晋)나라 때는 왕숙화가 혈맥의 원리를 서술한 《맥경(脉经)》을 저술하였고, 남조 시대에는 도홍(陶弘)이 본초학을 집대성한 《본초경집주(本草经集注)》를 편찬했다.

송나라 때는 침술학과 법의학이 발달하였고, 이후 명나라 때는 이시진이 《본초강목(本草纲目)》을 편찬하는 등 한의학은 더욱 발전한다. 이 책은 1,892종의 한약 재료와 11,096가지의 약 처방이 기술된 190여 만자의 약학서로 중국 의학 발전에 획기적인 역할을 하였다. 이처럼 중국 한의는 역사와 전통이 깊다.

한의원 진료과목은 내과, 외과, 암 등 수십 가지로 세분화되어 있고 각 과별로 한의대 교수들이 전문적인 진료를 하며, 침과 안마[推拿] 요법으로 열을 내리기도 하고, 디스크나 맹장염도 수술 없이 치료하며, 질병 예방을 하기도 하는 등 그 치료법이 다양하다. 최근에는 한의와 양의를 결합한 치료도 시행되고 있다.

한의원에서는 우선 몸 상태에 대한 환자의 말을 경청한 후 여러 가지를 질문하면서, 혀의 상태를 관찰하고 맥을 짚는다. 한의원의 처방은 우리처럼 보름치 이상 보약을 지어주는 방식이 아니라 양의

처럼 이삼일 분을 지어주고 진행과정을 지켜보면서 다시 진료를 통해 약을 추가하거나 빼면서 조절한다. 즉 철저하게 음양오행에 의거하여 진행한다. 木(肝), 火(心), 土(脾), 金(肺), 水(肾)의 오행과 상생(相生)과 상극(相克) 원리에 입각하여 진맥 후 약을 처방하고 그 후 몸 상태의 변화에 맞추어 약재를 바꾸어가며 치료한다.

중국에서는 한의사가 환자에게 처방전을 주면 환자는 처방전을 들고 약재상으로 향한다. 건 약재만 살 수도 있고 탕약이나 환으로 만들어 가져갈 수도 있는데, 처방전이 환자의 손에 들어있어서 어떤 약재들이 얼마큼 처방되었는지 모두 공개된다. 약재상은 처방전에 의거하여 조제를 하는데, 약재를 종이에 담는 과정에서 약재 이름과 양을 상세하게 적어 넣어준다. 예를 들면 甘草(甘 平)(补脾益气 调和诸药), 桂枝(辛 甘 温)(发汗解肌, 助阳化气), 枸杞子(甘 平)(补肾益精, 养肝明目), 金银花(甘 寒)(清热解表, 凉血止痢), 党参(甘 平)(补中益气, 健脾益肺) 등과 같이 약재 명칭과 약재의 효능을 기록한 작은 종이를 넣어서 손님들이 약재 성분을 쉽게 알 수 있도록 도와준다. 중국에서의 한약재 한 첩 분량은 우리보다 두세 배 정도 많은 점도 특이하다.

무슨 약이 얼마나 들어갔는지 알 수 없는 우리와 달리 중국은 환자의 알 권리가 보장되어있는 셈이다. 약재 가격 역시 저렴하다. 우리나라에 수입되는 중국 약재는 질이 떨어진다고 하는데, 이는 수입상들이 값싼 약재 위주로 수입하기 때문이고, 실제로 중국 현지에서 구입하는 약재는 가격에 따라 질이 천차만별이다.

한약을 성약으로 만들어 파는 대표적인 곳으로는 베이징 동인당(同仁堂)을 들 수 있다. 자금성 근처에 본점이 있는데, 이곳은 특히 우황청심환이나 기국지황환, 신장과 간에 효과가 있는 육미지황환 등의 성약이 유명하다. 또 중국에서는 녹용을 주로 가루로 만들어 복용한다는 점도 우리와 다르다. 성인은 3그램, 어린이는 1그램 정도 복용하는데, 동북

지방의 꽃사슴 즉 매화록(梅花鹿)의 새순을 고급상품으로 쳐주고 있다.

중국에서도 최근에는 점점 많은 환자들이 양의를 찾는 경향이 있다고 한다. 신체 부위별 '치료(cure)'의 개념이 강한 양의와 정신과 육체를 하나의 유기체로 보고 '돌본다(care)'는 개념이 강한 한의가 서로 접목이 되는 시도가 많아질수록 의술은 좀 더 좋은 방향으로 진보하리라고 본다.

• 실크로드 (丝绸之路)

한대에 중국의 견방직은 가장 중요한 수공업으로 자리 잡으면서 규모가 커지고 품종이 다양해졌다. 쑤저우와 비단의 원산지인 쑤저우 아래의 우장(吴江)을 위시해서 산동의 린쯔(临淄), 수도인 창안(长安)은 전국 방직업의 중심지로 이름을 얻었고, 각각 천명 이상의 공인들이 전문적으로 쌍면자수(双面刺绣) 등 고품질의 견직물을 생산하여 황실의 수요를 담당하였으며, 동시에 중아시아와 로마제국에도 팔려나갔다.

한 무제에 이르러서는 흉노의 침범을 격퇴하여 서한에서 서역으로 통하는 길을 열었다. 한 무제는 두 차례에 걸쳐 장건을 서역으로 파견하여 중국과 중앙아시아, 서아시아의 관계를 강화하여 중국과 세계에 널리 알려진 실크로드를 개척했다.

실크로드는 장안에서 시작하여 하서주랑(河西走廊)을 통과하여 둔황을 지난 후 남북 두 갈래로 나뉜다. 곤륜산 북쪽 기슭을 따라 사차(莎车)를 지나서 파미르고원을 넘은 후 대월지국과 이란에 이르는 길을 남로라 부르고, 천산 남쪽을 따라 구자(龟兹), 소륵(疏勒) 서쪽으로 파미르고원을 넘어서 대원(大苑)과 강거(康居) 남부를 지나 서쪽으로 가는 길을 북로라 칭했다. 두 길은 말리에서 만나 카스피해 동남부와 바그다드 남쪽을 지나 서쪽으로 지중해에 이른 후 다시 로마제국 각지로 전달되었다. 때문에 한대 이후 천여 년 동안 대량의 중국비단제품이 지나는 이 길을 실크로드라 불렀다.

실크로드 개척 이후, 중국과 다른 나라의 경제·문화 교류가 크게 촉진되었다. 실크로드에서 무리를 지은 대상들과 우호사절이 끊임없이 서로 왕래하였다. 중국의 비단이 중서아시아와 로마 등으로부터 진귀한 물품으로 간주된 것 이외에도 주철, 착정기술 또한 서방으로 전해졌다.

실크로드는 아시아, 유럽, 아프리카 여러 나라의 우호왕래의 길이었으며, 중국, 갠지스, 그리스 문화와 페르시아문화를 연결하는 중요한 길이었다. 실크로드 지역에서 출토된 문서와 책은 십여 종의 문자로 이루어져 있는데, 한자와 투루판, 돌궐, 몽고, 서하 문자들 외에도 그리스, 페르시아, 아랍, 시리아 문자도 있다. 계림(季林)이 《희간신강석굴벽화전람(喜看新疆石窟壁画展览)》에서 "고대세계의 여러 큰 문명들이 모두 여기에 다 모였네"라고 한 말과 같다.

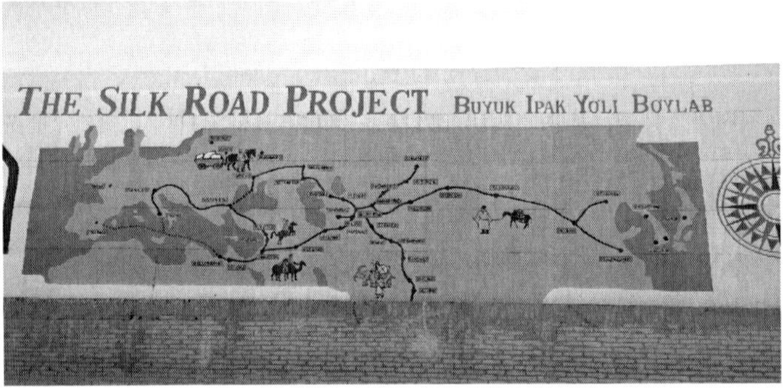

실크로드 중심지 우즈벡 부하라

제8과

游览江南 · 강남 여행

한산사(寒山寺)와 태호(太湖),
그리고 저장성을 이어서 방문한다.

吉童：寒山寺是中国非常有名的古老寺院。

hánshānsì shì zhōngguó fēicháng yǒumíngde gǔlǎo sìyuàn.
한산쓰 스 중궈 페이창 여우밍더 구라오 쓰위엔.

和田：寒山寺有名，因为张继的诗《枫桥夜泊》。

hánshānsì yǒumíng, yīnwèi zhāngjìde shī《fēngqiáo yèbó》.
한산쓰 여우밍, 인웨이 장지더 스 펑챠오 예보.

吉童："……姑苏城外寒山寺……"

"……gūsū chéngwài hánshānsì……"
"……구쑤 청와이 한산쓰……"

和田：他的诗你都背诵了，真不简单。

tāde shī nǐ dōu bèisòng le, zhēn bù jiǎndān.
타더 스 니 더우 베이쑹 러, 전 부 젠단.

吉童：其实路边商店到处都写着他的诗, 所以一边走路一边就背下来了。

qíshí lùbiān shāngdiàn dàochù dōu xiězhe tāde shī, suǒyǐ yībiān zǒulù yībiān jiù bèixiàlái le.
치스 루벤 상덴 다오추 더우 세저 타더 스, 쒀이 이벤 쩌우루 이벤 베이샤라이 러.

和田：你的记忆力相当不错。

nǐde jìyìlì xiāngdāng bùcuò.
니더 지이리 샹당 부춰.

吉童：我们找找看诗里的枫桥在哪儿。

wǒmen zhǎozhǎokàn shīlide fēngqiáo zài nǎr.
워먼 자오자오칸 스리더 펑차오 짜이 나얼.

和田：寒山寺下面建在京杭运河上的石桥就是枫桥。

hánshānsì xiàmian jiàn zài jīngháng yùnhéshangde shíqiáo jiùshì fēngqiáo.
한산쓰 샤멘 젠 짜이 징항 윈허상더 스차오 주 스 펑차오.

吉童：现在到西边去看太湖。

xiànzài dào xībiān qù kàn tàihú.
셴짜이 다오 시벤 취 칸 타이후.

(태호에 도착하여)

和田：远望太湖, 大得不像湖而像海。

yuǎnwàng tàihú, dàde bù xiàng hú ér xiàng haǐ.
위엔왕 타이후, 다더 부 샹 후 얼 샹 하이.

吉童：太湖是吴文化的发源地。新建的大桥使我们游览更方便。

tàihú shì wú wénhuàde fāyuándì. xīnjiànde dàqiáo shǐ wǒmen yóulǎn gèng fāngbiàn.

타이후 스 우 원화더 파위엔디. 신젠더 다차오 스 워먼 여우란 겅 팡볜.

和田 ：夕阳下的风光美极了。

xīyáng xiàde fēngguāng měi jíle.

시양 샤더 펑광 메이 지러.

吉童 ：银鱼跟虾子是太湖的特产，又新鲜又好吃。

yínyú gēn xiāzi shì tàihúde tèchǎn, yòu xīnxiān yòu hǎochī.

인위 건 샤쯔 스 타이후더 터찬, 여우 신셴 여우 하오츠.

(경항운하를 통해 항저우와 사오싱으로 이동하여 관람한 후)

吉童 ：杭州的西湖真美，东坡肉也好吃极了。

hángzhōudè xīhú zhēnměi dōngpōròuyě hǎochī jíle

항저우더 시후 전메이 둥포러우예 하오츠 지러

和田 ：绍兴的鲁讯故里，臭豆腐和绍兴酒都给我留下很深刻的印象。

shàoxīngde lǔxùngùlǐ chòudòufǔ hé shàoxīngjiǔ dōu gěi wǒ liú xià hěn shēnkède yìnxiàng.

사오싱더 루쉰구리 처우더우푸 허 사오싱주 더우 게이 워 류샤 헌 선커더 인샹.

吉童 ：可惜没有时间去看更多的景点。

kěxī méiyǒu shíjiān qù kàn gèng duōde jǐngdiǎn.

커시 메이여우 스젠 취 칸 겅 둬더 징뎬.

해석

길동 한산사는 중국에서 아주 유명한 오래된 사찰이죠.

와다 한산사가 유명한 것은, 장계의 시 《풍교야박》 때문이죠.

길동 "…고소성외한산사…"

와다 그의 시를 다 외워서 암송하는군요. 정말 대단하네요.

길동 사실 길가 상점 곳곳마다 그의 시 구절이 쓰여 있어서, 한편으로 걸어오면서 한편으로는 외웠지요.

와다 당신 기억력은 상당히 대단합니다.

길동 시에 있는 풍교가 어디 있는지 한번 찾아봅시다.

와다 한산사 아래 경항운하 위에 세워진 돌다리가 바로 풍교군요.

길동 이제 서쪽으로 태호를 구경하러 갑시다.

(태호에 도착하여)

와다 멀리 태호를 바라보니, 호수 같지 않고 바다처럼 크네요.

길동 태호는 오 문화의 발원지로서, 새로 지은 대교로 인해 우리가 유람하는 데 훨씬 편리해졌어요.

와다 석양이 비치는 풍광이 정말 아름답군요.

길동 은어와 새우는 태호의 특산으로서, 신선하면서도 맛이 좋아요.

(경항운하를 통해 항저우와 사오싱으로 이동하여 관람한 후)

길동 항정우의 서호는 정말 아름답고, 동파육도 너무 맛있었어요.

와다 사오싱의 루쉰 옛집, 취두부 그리고 사오싱주 모두 나에게 깊은 인상을 남겨주었어요.

길동 애석하게도 더 많은 경관들을 보러 갈 시간이 없군요.

주요 단어

寒山寺 hánshānsì (명) 쑤저우의 한산사

太湖 tàihú (명) 북으로 无锡, 서로 宜兴, 남으로 浙江에 걸친 5대 담수호 중 하나인 태호

古老寺院 gŭlăo sìyuàn (명) 오래된 사원

因为 yīnwèi (접) ~때문에

张继 zhāngjì (명) 당나라 시인 장계

诗 shī (명) 시

枫桥夜泊 fēngqiáo yèbó (명) 풍교야박

姑苏城 gūsū chéng (명) 옛 쑤저우 명칭

背诵 bèisòng (동) 외우다, 암송하다

简单 jiăndān (형) 간단하다, 평범하다

其实 qíshí (부) 기실, 사실

路边 lùbiān (명) 길가

商店 shāngdiàn (명) 상점

一边 yībiān (명) 한편

一边~ 一边~ ~하면서 ~하다, ~과 ~을 병행하다

记忆力 jìyìlì (명) 기억력

相当 xiāngdāng (부) 상당히

不错 bùcuò (형) 좋다, 틀림없다

下面 xiàmian (명) 아래

京杭运河 jīngháng yùnhé (명) 베이징에서 항저우까지 통하는 운하

石桥 shíqiáo (명) 돌다리

西边 xībiān (명) 서쪽

远望 yuǎnwàng (동) 멀리 바라보다

像 xiàng (동) 비슷하다, 같다

湖 hú (명) 호수

海 haǐ (명) 바다

吴 wú (명) 춘추 오나라, 삼국사대 오나라

文化 wénhuà (명) 문화

发源地 fāyuándì (명) 발원지

使 shǐ (동) ~하게 하다

方便 fāngbiàn (형) 편리하다. 컵라면은 方便面

夕阳 xīyáng (명) 석양

风光 fēngguāng (명) 풍광

极了 jíle 형용사 뒤에 위치하여 그 뜻을 강조하는 데 쓰임

银鱼 yínyú (명) 은어

虾子 xiāzi (명) 새우. 새우 살은 虾人. 바다가재는 龙虾

西湖 xīhú (명) 항저우 서호

东坡肉 dōngpōròu (명) 동파육

绍兴 shàoxīng (명) 저장성 사오싱

鲁讯 lǔxùn (명) 현대문학 거장 루쉰

故里 gùlǐ (명) 고향집, 옛집

臭豆腐 chòudòufǔ (명) 취두부

绍兴酒 shàoxīngjiǔ (명) 사오싱주

留下 liúxià (동) 남기다

深刻 shēnkè (형) 깊다, 깊이가 있다

印象 yìnxiàng (명) 인상

可惜 kěxī (형) 아쉽다, 애석하다

景点 jǐngdiǎn (명) 경치, 경관

주석 및 요점

1. 找找看

같은 동사가 중첩이 되는 형태는 "한 번 ~해 보다"를 의미한다. 뒤에 看이 붙기도 하며, 동사와 동사 사이에 一가 들어가기도 한다.

吃吃看。 한번 먹어보세요.
唱唱看。/ 唱一唱。 한번 노래해보세요.

다음 문장을 중국어로 만들어보세요.

한번 들어보세요. (听) ____________________
한번 입어보세요. (穿) ____________________
한번 말씀해보세요. (说) ____________________

2. 구조조사 得

본문 "大得不像湖而像海"에서 得dè는 술어 뒤에 붙는 구조조사로서, 술어의 정도성을 보충해주는 정도보어를 수반한다. 즉 술어와 정도보어를 연결시키는 역할을 한다. 그리고 목적어를 지닌 동사 뒤에 정도보어가 오는 경우, 목적어 뒤와 得 사이에 반드시 동사를 중복시킨다.

我们昨天玩得很愉快。우리는 어제 아주 유쾌하게 놀았다.
他说汉语说得很流利。그는 중국어를 매우 유창하게 합니다.
我弟弟吃饭吃得比较多。내 동생은 밥을 비교적 많이 먹습니다.
我汉语说得不好。나는 중국을 잘 하지 못합니다.
他说汉语得很流利。(x)
(앞 동사 생략은 무방하지만, 뒤 동사 생략은 불가함)

- 得가 들어간 동요 两只老虎를 배워보자.

两只老虎, 两只老虎 두 마리 호랑이, 두 마리 호랑이
liǎng zhī lǎohǔ, liǎng zhī lǎohǔ,

跑得快, 跑得快 빨리 달리네, 빨리 달리네
pǎo dė kuài, pǎo dė kuài

一只没有眼睛, 一只没有尾巴 한 마리는 눈이, 한 마리는 꼬리가 없네
yī zhī méiyǒu yǎnjīng, yī zhī méiyǒu wěibā

真奇怪, 真奇怪 정말 이상해, 정말 이상해
zhēn qíguài, zhēn qíguài

3. 사역동사 使

본문 중 "新建的大桥使我们游览更方便。"에서 使는 让과 같은 사역동사로서, 겸어구문을 만든다.

4. 极了

极了는 형용사 술어의 뒤에 붙어서 상태의 정도를 나타내주는 정도보어의 기능을 한다. 极了 외에 多了，死了，坏了도 술어 뒤에 붙여 보어로 사용된다.

美极了。정말 아름답다.
饿死了。배고파 죽겠다.

5. 又~ 又~

'又~ 又~' 구문은 "하기도 하고, 하기도 하다"는 의미로서, 하나의 주체의 상황이나 성질이 동시에 존재함을 나타낸다.

他又想去，又不想去。그는 가고 싶기도 하고, 가기 싫기도 하다.
又吐又泻。토하기도 하고 설사도 한다.

이와 유사한 '~也 ~也' 구문은 '~도 (하고) ~도 (하다)'는 뜻을 나타내며, 앞뒤로 병용해서 병렬되어 있는 것을 모두 강조하는 데 쓰인다.

风也停了，雨也住了。바람도 멈추고, 비도 그쳤다.
去也罢，不去也罢。가도 그만, 안 가도 그만.

6. 可惜

본문의 可惜처럼 可는 동사와 결합하여 "~할 만하다"라는 의미를 나타내는데, 주로 단음절 동사와 결합한다. 可와 동사가 결합된 단어는 可의 작용에 따라서 형용사가 되기도 하고 동사가 되기도 한다.

她非常可爱。 그녀는 아주 사랑스럽습니다./ 귀엽습니다.
那个人很可靠。 그 사람은 매우 믿을 만합니다.
这个孩子真可怜。 이 아이는 정말 불쌍합니다.
我很可怜他。 나는 그를 매우 불쌍히 여깁니다.

다음 단어를 可와 결합하여, 적합한 뜻에 맞는 단어로 결합해보세요.

悲, 耻, 贵, 怕, 取, 笑, 知

- 슬프다 ________________
- 소중하다 ________________
- 취할 만하다 ______________
- 가소롭다 ________________
- 수치스럽다 ______________
- 가히 알 수 있다 ___________
- 두려워할 만하다 ___________

7. 一边~ 一边~

"~하면서 ~하다"의 뜻으로 다음과 같이 "边~ 边~"로 표현해도 된다. 또한 "一面~ 一面~" 또는 "且~ 且~"으로 표현해도 된다.

他边看书, 边吃饭。 그는 책을 보면서 식사를 합니다.
老师一面说, 一面写。 선생님이 설명하시면서 쓰십니다.
且谈且走。 이야기하면서 걷습니다.

알아두기

• 한산사와 장계의 풍교야박

강과 다리가 어우러진 쑤저우의 전형적인 경관을 보여주는 곳으로서 한산사(寒山寺)가 있다. 한산사는 양(梁)나라 519년에 세워진 고찰로 처음에는 묘리보명탑원(妙利普明塔院)으로 불리었다. 당나라의 고승 한산(寒山)이 머문 뒤부터 한산사라는 이름이 붙은 이 절은 다섯 차례나 화재가 발생하여 소실되었다가 1907년에 재건되었다.

한산사는 당나라 장계(张继)의 〈풍교야박(枫桥夜泊)〉이라는 시에 등장하면서 더욱 유명해졌다. 장안으로 과거시험을 보러갔다가 고배를 마시고 고향으로 돌아오던 장계는 그가 탄 배가 풍교와 강촌교(江村桥) 사이에 머물렀을 때 한산사의 종소리를 듣게 된다. 수심에 차 있던 장계는 "달은 지고 까마귀 우니 서리만 하늘에 가득한데, 강가의 고기잡이배의 불빛에 근심에 차 잠 못 이루네. 오랜 소주성 밖 한산사, 한밤중 종소리가 나그네 뱃전까지 이르네(月落乌啼霜满天, 江枫渔火对愁眠, 姑苏城外寒山寺, 夜半锺声到客船)"라고 노래하며 이곳의 경치에 빗대어 자신의 낙담한 마음을 표현하였다. 종은 2층의 종루(钟楼)에 보관되어 있는데, 종을 한 번 치면 10년이 젊어지고 행운이 온다는 전설이 내려온다. 한산사 입구에는 오랜 역사를 가진 강촌교(江村桥)가, 한산사 오른쪽으로 약 100m 떨어져 있는 철령관

밖에는 장계의 시에 나오는 풍교(枫桥)가 놓여 있다.

• 저장성 항저우와 사오싱

16세기에 항저우를 방문한 마르코 폴로는 이곳을 가리켜 "세계에서 가장 아름다운 도시"라고 칭찬한 바 있고, "아침에도 좋고 저녁에도 좋고 비 오는 날에도 또한 좋다"라는 이야기가 전해질 정도로 항저우는 아름답다. 경항운하(京杭运河)와 호수 서호는 특히 도시의 아름다움을 더해준다.

만리장성이나 구이린 등과 함께 중국 10대 경관에 속하는 서호의 뇌봉탑은 중국의 4대 민간고사인 백사전(白蛇传)의 소재가 되기도 하였고, 서호의 범람을 막기 위해 당나라 때 백낙천이 쌓은 제방 백제(白堤)와 송나라 때의 소동파가 쌓은 제방 소제(苏堤)는 아직도 남아있다. 특히 소동파가 즐겨먹었다는 돼지고기 삼겹살 간장조림요리인 동파육(东坡肉)은 항저우의 특산음식으로 유명하다. 특산으로는 이밖에 녹차인 용정차(龙井茶)가 유명하다. 용정은 우물에서 용이 보였다고 해서 붙여진 지명이다. 서호의 비경에 걸맞게 최근에는 인상서호(印象西湖)라는 종합 예술 공연이 열리고 있다.

이밖에 애국명장 악비를 기리는 악비묘, 불교의 유적인 영은사(灵隐寺)와 육화탑(六和塔)도 유명하다. 특히 326년에 창건된 영은사는 석굴 조각상 예술의 극치를 보여주며, 330개가 넘는 조각상 중 웃음을 띤 낙천적인 포대화상(布袋和尚)의 모습은 인상적이다. 또한 육화탑은 전당강가 월륜산에 세워져있는데, 외관은 13층이지만 실제로 안에서는 7층인 이 탑에서는 전당강과 전당대교의 모습을 한 눈에 볼 수 있다. 항저우에는 남송 시절 유적들이 많이 남아있으며, 현재는 송성(宋城)이 재현되어 당시의 도시 형태와 모습을 살펴볼 수 있다.

와신상담(卧薪尝胆)으로 널리 알려진 춘추시대 오(吴)와 월(越)의 전쟁 속에서 경국지색의 미모로 왕조의 흥망을 결정지었던 서시(西施)의 고향인 사오싱(绍兴)이 바로 항저우 근처에 위치한다. 서시는 양귀비, 왕소군, 초선과 함께 중국 4대 미녀로 꼽힌다. 그녀는 월나라에서 땔나무 장수의 딸로 태어났다. 오나라 부차에게 패한 월나라 구천의 충신 범려는 보복을 위해 그녀에게 예능을 가르쳐서 호색가인 부차에게 바쳤고, 부차는 서시의 미모에 사로잡혀 정치를 돌보지 않다가 마침내 월나라에 패망하였다.

서시가 강에서 빨래를 하는데 그 미모가 너무 아름다워서 강물 속에서 헤엄을 치던 고기들이 넋을 잃고 바라보다가 강바닥으로 가라앉았다는 고사 서시완사(西施浣纱)로 유명하고 "정인안리간서시(情人眼里看西施)"라는 말도 회자되고 있다. 사오싱은 또한 루쉰(鲁迅)의 고향으로도 알려져 있다. 그래서 루쉰의 소설 작품 속에 사오싱을 배경으로 한 장면이 많이 나온다. 움막을 뜻하는 발과 손으로 저어가는 배 오봉선(乌篷船), 발효 두부를 취수에 한 시간 담근 후 튀겨서 고추장에 찍어먹거나 바삭바삭한 야채와 함께 먹는 취두부[生臭熟香] 등 문학 속에 등장하는 장면들을 현장에서 그대로 느낄 수 있다.

1위안 지폐 속 항저우 서호

• 푸젠성 (福建省)

저장성에서 다시 남쪽으로 내려가면 푸젠성이 나온다. 성도인 푸저우(福州), 유서 깊은 샤먼(厦门), 편자황(片仔癀)으로 유명한 장저우(漳州) 등이 대표적인 도시이며, 전쟁을 피해 남하한 객가인(客家人, Hakka tribe)들이 거주하는 영정(永定) 토루(土楼) 등은 세계문화유산으로서 독특한 건축양식을 자랑한다. 객가인들은 비극의 역사를 겪었지만, 그들은 중국의 유태인으로 불릴 정도로 경제관념이 뛰어나 세계화교경제의 주축을 이루면서 적극적으로 활동하고 있다.

푸젠성은 예로부터 민(闽mǐn)으로 불렸고, 따라서 이들의 방언을 민방언이라고 하고, 민의 남쪽 사람들이 명말 정성공(郑成功)을 따라 푸젠 남쪽 구랑위(鼓浪屿)에서 배를 타고 타이완으로 이주하여 현재 타이완 현지사람들은 대부분 일상생활에서 민남어(闽南语)를 구사하고 있다. 푸젠성의 방언과 함께 음식과 민간신앙 등이 타이완에 그대로 전승되어, 타이완 요리는 푸젠 요리와 흡사하고 바다의 여신 마조(妈祖)를 기리는 풍습이나 마조묘(妈祖庙)의 구조나 양식도 흡사하다.

샤먼 지역은 야자수가 있는 아열대의 경관을 자랑하며, 도시 건물 양식들이 홍콩이나 마카오, 타이완 그리고 유래된 유럽풍의 양식이 결합된 듯한 독특한 면모를 지닌다. 두리안(榴莲), 용안(龙眼) 붉은 바나나, 망고 등 열대 과일이 풍부하고, 샤먼대학, 샤먼이공대학, 화교대학 등 우수한 대학들도 즐비하다.

제9과

游览上海 · 상하이 여행

푸젠성(福建省)을 떠나 상하이에 도착, 와이탄(外滩)과 황포강(黄浦江)을 구경한다.

吉童 : 上海是港都, 又是很早就对外开放的国际城市。

shànghaǐ shì gǎngdū, yòushì hěn zǎo jiù duìwài kāifàngde guójì chéngshì.
상하이 스 강두, 여우스 헌 짜오 주 두이와이 카이팡더 궈지 청스.

和田 : 怪不得外滩的大楼几乎都是欧洲风格的。

guàibude wàitānde dàlóu jīhū dōushì ōuzhōu fēnggéde.
꽈이부더 와이탄더 다러우 지후 더우스 어우저우 펑거더.

吉童 : 随着中国的改革开放, 上海又快速地恢复了原来的国际性面貌。

suízhe zhōngguóde gǎigé kāifàng, shànghaǐ yòu kuàisùdi huīfù le yuánláide guójìxìng miànmào.
쑤이저 중궈더 가이거 카이팡, 상하이 여우 콰이쑤디 후이푸 러 위엔라이더 궈지싱더 멘마오.

和田：我在上海的经济特区，我们能听到走向经济强国的咆哮。

wǒ zài shànghaǐde jīngjì tèqū, wǒmen néng tīngdào zǒuxiàng jīngjì qiángguóde páoxiāo.
워 짜이 상하이더 징지터취, 워먼 넝 팅다오 쩌우샹 징지 창궈더 파오샤오.

吉童：那东方明珠电视塔好像象征着充满希望的中国的未来。

nà dōngfāng míngzhū dìanshì tǎ hǎoxiàng xiàngzhēngzhe chōngmǎn xīwàngde zhōngguóde wèilái.
나 동팡 밍주 덴스 타 하오샹 샹정저 충만 시왕더 중궈더 웨이라이.

和田：外滩的夜景真漂亮，霓虹灯那么多。这就是黄浦江吧?

wàitānde yèjǐng zhēn piàoliang, níhóngdēng nàme duō. zhè jiùshì huángpǔjiāng ba?
와이탄더 예징 전 퍄오량, 니훙덩 나머 둬. 저 주스 황푸장 바?

吉童：是，黄浦江东边的浦东地区已经是上海经济发展的核心。

shì, huángpǔjiāng dōngbiānde pǔdōng dìqū yǐjīng shì shànghaǐ jīngjì fāzhǎnde héxīn.
스, 황푸장 둥벤더 푸둥 디취 이징 스 상하이 징지 파잔더 허신.

和田：听说尖端科技产业集中在那儿。

tīngshuō jiānduān kējì chǎnyè jízhōng zài nàr.
팅숴 젠돤 커지 찬예 지중 짜이 나얼.

吉童：唯一的缺点是物价太贵。

wéiyīde quēdiǎn shì wùjià tài guì.
웨이이더 췌덴 스 우자 타이 구이.

和田：有个朋友说老外村里公寓的房租要五六千美元一个月，就跟广东省广州和深圳的房租一样贵。

yǒu ge péngyou shuō lǎowài cūnli gōngyùde fángzū yào wuliù

qiān měiyuán yī ge yuè, jiù gēn guǎngdōngshěng guǎngzhōu hě shēnzhèndė fáng zū yīyàng guì.
여우 거 펑여우 쉬 라오와이 춘리 궁위더 팡쭈 야오 우류 첸 메이위엔 이 거 위에, 주 건 광둥성 광저우 허 선전더 팡주 이양 가오.

吉童：确实挺贵的。我们顺便去看看南浦大桥和卢浦大桥。

quèshí tǐng guìde. wǒmen shùnbiàn qù kànkan nánpǔ dàqiáo hé lúpǔdaqiá
췌스 팅 구이더. 워먼 순볜 취 칸칸 난푸 다차오 허 루푸 다차오.

和田: 南浦大桥的外形很像旧金山的金门桥。

nánpǔ dàqiáode wàixíng hěn xiàng jiùjīnshānde jīnménqiáo.
난푸 다차오더 와이싱 헌 샹 주진산더 진먼차오.

吉童：明天去市内逛逛。

míngtiān qù shìnèi guàngguang.
밍티엔 취 스네이 광광.

和田：那我们先回华东师范大学宿舍。

nà wǒmen xiān huí huádōng shīfàn dàxué sùshè.
나 워먼 셴 후이 화둥 스판 다쉐 쑤시.

해석

길동 상하이는 항구도시로서, 오래 전부터 개방된 국제도시였죠.

와다 그래서 그런지 와이탄에 있는 건물들이 거의 다 유럽식 양식을 띄고 있군요.

길동 중국의 개혁개방에 따라 상하이는 또 다시 원래의 국제적 면모를 회복하였죠.

와다 상하이의 경제특구에 있으니, 경제 강국으로 향해가는 포효를 들을 수 있군요.

길동 저 동방명주전시탑은 희망으로 가득 찬 중국의 미래를 상징하고 있는 것 같아요.

와다 외탄의 야경은 정말 아름답네요, 네온사인도 저렇게 많고. 이 강이 바로 황포강이겠지요?

길동 네, 황포강 동쪽 푸둥지구는 이미 상하이 경제발전의 핵이 되었죠.

와다 첨단과학기술 산업이 그곳에 집중되어 있다고 들었어요.

길동 한 가지 흠이라면 이곳 물가가 비싸죠.

와다 한 친구가 그러는데 외국인촌 아파트의 월세가 5-6천 달러나 한다는군요. 광둥성 광저우와 선전의 집세와 마찬가지로 비싸죠.

길동 정말이지 꽤 비싸네요. 우리 온 김에 남포대교와 노포대교에 한번 가보죠.

와다 남포대교의 외관이 꼭 샌프란시스코의 골드게이트브리지를 닮았군요.

길동 내일은 시내로 놀러갑시다.

와다 그럼 화둥사범대학 숙소로 돌아가죠.

주요 단어

外滩 wàitān (명) 와이탄

黄浦江 huángpǔjiāng (명) 황포강

港都 gǎngdū (명) 항구도시

对外 duìwài (동) 대외적으로 관계를 맺다

开放 kāifàng (동) 개방하다

国际城市 guójì chéngshì (명) 국제도시

怪不得 guàibude (동)(부) 탓할 수 없다, 어쩐지

大楼 dàlóu (명) 빌딩

几乎 jīhū (부) 거의, 하마터면

欧洲风格 ōuzhōu fēnggé (명) 유럽식 풍격

随着 suízhe (동) 따르다, 따라서

改革开放 gǎigé kāifàng (명) 1978년 덩샤오핑이 주창한 개혁개방 정책

快速 kuàisù (명)(형) 쾌속, 신속하다, 빠르다

恢复 huīfù (동) 회복하다

原来 yuánlái (부) 원래, 본래

国际性 guójìxìng (형) 국제적인

面貌 miànmào (명) 면모

经济特区 jīngjì tèqū (명) 경제특구

走向 zǒuxiàng (동) 향하여 발전하다

经济强国 jīngjì qiángguó (명) 경제강국

咆哮 páoxiào (명)(동) 포효, 포효하다

东方明珠电视塔 dōngfāng míngzhū diànshì tǎ (명) 동방명주전시탑

好像 hǎoxiàng (부) 마치

象征 xiàngzhēng (명)(동) 상징, 나타내다

充满 chōngmǎn (동) 가득 차다

希望 xīwàng (명) 희망

夜景 yèjǐng (명) 야경

霓虹灯 níhóngdēng (명) 네온사인 등

那么 nàme (접)(대) 그러면, 그렇게

黄浦江 huángpǔjiāng (명) 황포강

东边 dōngbiān (명) 동쪽

浦东地区 pǔdōng dìqū (명) 푸둥지구

核心 héxīn (명) 핵심

尖端科技产业 jiānduān kējì chǎnyè (명) 첨단과학기술산업

集中 jízhōng (동) 집중하다

唯一 wéiyī (형) 유일한

缺点 quēdiǎn (명) 결점

物价 wùjià (명) 물가

贵 guì (형) 비싸다

老外 lǎowài (명) 외국인

村里 cūnlǐ (명) 마을

公寓 gōngyù (명) 아파트

房租 fángzū (명) 집세, 방세

广东省 guǎngdōngshěng (명) 광둥성

广州 guǎngzhōu (명) 광둥성의 성도 광저우

深圳 shēnzhèn (명) 광둥성 선전

挺 tǐng (부) 꽤. 挺은 很보다 약하며, 뒤에 的 어기조사가 종종 붙음

南浦大桥 nánpǔ dàqiáo (명) 남포대교

卢浦大桥 lúpǔ dàqiáo (명) 노포대교

外形 wàixíng (명) 외형

旧金山 jiùjīnshān (명) 샌프란시스코

金门桥 jīnménqiáo (명) 샌프란시스코의 골든게이트브리지

市内 shìnèi (명) 시내

逛逛 guàngguang (동) 거닐다, 돌아다니다

华东师范大学 huádōng shīfàn dàxué (명) 화둥사범대학

주석 및 요점

1. 怪不得

怪不得는 '탓할 수 없다'는 뜻이지만, 문장 앞에 놓여 "어쩐지", "그러기에"를 의미하는 부사로도 쓰인다. 동의어로는 难怪가 있다.

他是中国人。怪不得他韩语说得不太好。
그는 중국인입니다. 어쩐지 한국어를 잘 못한다 했어요.

难怪他今天这么高兴，原来他考试及格了。
어쩐지 그가 오늘 이렇게 기뻐한다 했더니, 원래 시험에 합격되었군요.

다음 문장을 중국어어로 옮겨보세요.

어쩐지 그가 오늘 오지 않는다 했더니, 원래 병에 걸렸군요.(生病)

---

2. 像과 好像

像은 "마치 ~와 같다"를 뜻하는 동사로서 조사 一样, 一般, 似的가 문장 끝에 붙기도 한다.

像要下雪了。마치 눈이 내릴 것 같습니다.
他像要说什么似的。그는 마치 무언가를 말하려고 하는 것 같습니다.

像은 "~와 같다"는 뜻으로 예를 들 때 사용하기도 하고, "닮다"의 뜻으로 사용하기도 한다.

像这件事是常常发生的。이와 같은 일은 늘 발생합니다.
他的面貌像他爸爸。그의 용모는 그의 아버지를 닮았습니다.

형용사로서의 像은 '어울리다'의 뜻으로 사용된다.

你穿韩服很像。당신이 한복을 입으면 아주 어울립니다.

"마치 ~와 같다"의 像은 好像으로 대체할 수 있다. 예시한 단어를 적절히 넣어 다음 문장을 완성해 보세요.

病了, 到了外国, 赌博, 人生

他好像_____似的。그는 마치 병든 것 같습니다.
好像__________一样。마치 외국에 온 것 같습니다.
_____好像_____一般。인생은 마치 도박과 같습니다.

3. 어기조사 吧와 의문문

어기조사 吧는 일반적으로 건의, 재촉, 요청, 명령 등을 나타내는 명령문 표현기능과 추측을 나타내는 평서문 표현기능을 하는 데 활용되지만, 본문 "就是黄浦江吧?"에서와 같이 추측이 담긴 의문문 표현기능을 하는 데 활용되기도 한다.

太贵了，便宜一点儿吧! 너무 비싸요, 조금만 싸게 해주세요.
他不会是韩国人吧。그는 한국인이 아닐 거야.
你还没做完作业吧? 너 아직 숙제를 다 완성하지 못했지?

일반적으로 의문문은 문장 말미에 어기조사 吗가 들어가 이루어지기도 하고 긍정과 부정이 결합되어 이루어지기도 한다. 또한 의문사가 있는 경우 자동으로 의문문이 된다. 이밖에 还是가 들어가서 선택의문문을 만들기도 한다. 완곡한 어투를 나타내기 위해 의문대명사로 이루어진 의문문과 선택의문문 또는 특별히 지적된 단어나 문장 뒤에 呢를 붙이기도 한다.

你是韩国人吗? 당신은 한국인입니까?
他去不去美国? 그는 미국에 갑니까?
你满不满意? 당신은 만족합니까?
她结婚了没有? 그녀는 결혼했나요?
您是哪国人? 당신은 어느 나라 사람입니까?
你们是学生, 还是老师呢? 당신들은 학생인가요, 아니면 선생님인가요?
你为什么不去呢? 당신은 왜 가지 않나요?
假如他不愿意呢? 만약 그가 원하지 않는다면서요?

4. 浦东

상하이 동쪽 浦东은 중국의 미래 모습으로서 세계적인 금융기관 등이 모여 있는 중국 경제의 심장부라 할 수 있다. 이곳에 있는 기관 빌딩 명칭을 소개하면 다음과 같다: 88층의 金茂大夏(Jinmao

Building), 오프너 모양의 环球金融中心(Shanghai World Financial Center), 太平金融大夏(Taiping Finance Tower), 125층의 上海中心大夏(Shanghai Tower), IFC로 약칭되는 101층 上海国金中心(Shanghai International Finance Center) 등등.

5. 听说

听说는 "듣자하니 ~라고 한다"라는 뜻의 동사다. 예를 들어 "듣자하니 그녀가 아이를 낳았다고 한다"는 "听说她生该子了"로 표현한다. 그리고 소식을 전한 사람을 표현하고자 할 때는 听과 说 사이에 넣는다. 예를 들어 "우리 어머니가 말씀하는 것을 들으니 그가 이미 중국에 갔다고 한다"는 뜻은 "听我妈说他已经到中国去了"라고 표현한다.

알아두기

• 상하이 비상(飞翔)

중국 정부의 정경분리 정책에 따라, 상하이는 중국의 경제수도이자 경제발전의 상징도시로 자리매김 되면서 옛 국제도시의 명성을 회복하고 있다. 중국 유일의 상품선물시장을 비롯해 선진 금융시장이 가동되고 있으며, 선전, 홍콩을 잇는 주식시장의 중심에 위치하고(沪港通), 기존의 무역과 금융 관련 업체들이 상하이로 몰리면서 이제 상하이는 세계의 금융 메카로 우뚝 솟아올랐다.

하루가 다르게 변화하는 스카이라인은 가공할만할 정도의 위용을 뽐낸다. 특히 2010년 상하이 세계 엑스포 개최와 더불어 명실공히 국제도시의 면모를 더욱 확고하게 다졌다. 20년 전만 해도 작고 붐비는 홍차오(红桥) 국제공항과 상하이역, 상하이 남북을 가로지르는 황푸강(黄浦江)은 특별함을 느끼게 할 정도로 위용 있어 보이지도 않았다. 동쪽 푸둥(浦东) 지구에는 동방명주전시탑(东方明珠电视塔) 하나가 스산하게 솟아있고, 장강을 잇는 남포대교(南浦大桥)를 버스로 참관하고 난징로를 도보 구경하는 정도였다.

하지만 얼마 지나지 않은 현재의 상하이는 그야말로 초고층 초호화 빌딩숲을 이루고 있다. 지상 88층, 높이 402미터의 진마오빌딩(金茂大厦) 빌딩을 선두로 수많은 초호화 빌딩이 들어서더니 상하이월드금융센터(环球金融中心)도 완공되어 미국의 월스트리트 기능을 수행하고 있고, 최근에는 125층의 상하이 타워(上海中心大夏)도가 완공되었다.

전체인구의 1%, 전국토의 0.06%에 불과한 작은 도시가 전국 공업생산총액의 1/12, 항만 적하량의 1/6, 항만 무역 수출입총액의 1/4을 점유하고 있다. 현재 3개의 지하철 노선이 15개로 늘어났으며, 해저터널

역시 20여 개로 늘어나 상하이 시민들은 쾌적한 생활을 누리고 있다.

동북아 허브 역할을 담당하는 상하이의 신공항 푸둥 국제공항의 위용은 인천공항만큼 압도적이고, 공항에서 중심부까지 바퀴 없이 떠서 사람들을 실어 나르는 시속 430km의 자기부상열차는 상하이의 발전 속도를 상징적으로 보여주고 있다. 상하이 항의 컨테이너 물동량은 홍콩항, 싱가포르항에 이어 세계 3위를 기록하고 있다. 와이탄이 중국의 과거 모습이라면 푸둥은 중국의 미래라는 그들의 말이 실감난다.

상하이의 중심지를 가로지르는 기다란 난징로는 그야말로 휘황찬란한 명품 브랜드 상점과 호텔, 각종 식당과 쇼핑센터들로 즐비하다. 저녁의 난징로 거리는 화려한 네온사인과 하늘을 향해 쏘는 조명들로 더더욱 화려함의 극치를 보여준다. 하루 조명을 위해 사용되는 전기값만 8억 원이 넘는다고 한다. 난징로 중심인 런민광장(人民广场)을 기점으로 사통팔달의 지하철로가 깔려 대규모 수송능력을 자랑하고 있으며, 지하철 내부는 서울의 지하철보다 시설이 우수할 정도다.

상하이 난징루

푸둥

와이탄

황푸강을 가로지르는 유람선에서 바라보는 밤하늘은 불꽃쇼와 빛의 향연으로 수놓으며 상하이의 자신감을 공격적으로 보여주는 듯한 느낌을 준다. 중국 내에서도 상하이는 추구해야 할 목표물이 되고 있다. 칭다오시는 발전 목표를 상하이로 두고 얼마 전부터 "상하이를 쫓아가자(追上海)"라는 구호를 외치고 있다. 그들은 언제부터인가 "계획이 변화를 따라오지 못한다(计划赶不上变化)", "계획이 변화만큼 빠르지 않다(计划不如变化快)"라는 말을 외쳐왔다. 지금 그 말이 실감나는 단계에 이르렀다.

상하이에는 강남의 전형적인 정원을 느낄 수 있는 예원(豫园), 인사동과 흡사한 전자방(田子坊), 유럽 거리를 연상케 하는 신천지(新天地) 등 볼만한 곳이 많고, 고등교육기관 중 푸단대학, 자오퉁대학, 퉁지대학, 화둥사범대학 등은 중국 지성의 요람이다.

상하이 홍차오역

제10과
早上的公园 · 아침 공원

중국의 아침 모습을 보기 위해 아침 일찍 공원으로 향한다.

吉童 : 我们去附近的公园散散步吧!

wǒmen qù fùjìnde gōngyuán sànsànbù ba!
워먼 취 푸진더 궁위엔 싼싼부 바!

和田 : 看看人们早上的生活, 可以更深入地了解中国文化。

kànkan rénmen zǎoshangde shēnghuó, kěyǐ gèng shēnrùdi liǎojiě zhōngguó wénhuà.
칸칸 런먼 짜오상더 성훠, 커이 겅 선루디 랴오제 중궈 원화.

吉童 : 这个公园的原名叫虹口公园, 后来改名为鲁迅公园。

zhège gōngyuánde yuánmíng jiào hóngkǒu gōngyuán, hòulái gǎimíng wéi lǔxùn gōngyuán.
저거 궁위엔더 위엔밍 자오 훙커우 궁위엔, 허우라이 가이밍 웨이 루쉰 궁위엔.

和田：公园里有很多人合着音乐跳交际舞，还有的打太极拳。

gōngyuánli yǒu hěn duō rén hézhe yīnyuè tiào jiāojìwǔ, háiyǒude dǎ tàijíquán.

궁위엔리 여우 헌 둬 런 허저 인웨 탸오우 자오지우, 하이여우더 다 타이지취엔.

吉童：养鸟的人把鸟笼带出来，给小鸟呼吸新鲜空气。

yǎng niǎode rén bǎ niǎolóng dàichūlái, gěi xiǎoniǎo hūxī xīnxiān kōngqì.

양 냐오더 런 바 냐오롱 다이추라이, 게이 샤오냐오 후시 신셴 쿵치.

和田：那边是鲁迅纪念馆。他是中国人民的骄傲。

nàbiān shì lǔxùn jìniànguǎn. tā shì zhōngguó rénmínde jiāoào.

나벤 스 루쉰 지녠관. 타 스 중궈 런민더 자오아오.

吉童：也是在这里一位韩国英雄把手榴弹投向日本占领军。

yěshì zài zhèli yīwèi hánguó yīngxióng bǎ shǒuliúdàn tóuxiàng rìběn zhànlǐngjūn.

예스 짜이 저리 이웨이 한궈 잉슝 바 서우류단 터우샹 르번 잔링쥔.

和田：我很佩服韩国和中国的民族精神。

wǒ hěn pèifú hánguó hé zhōngguóde mínzú jīngshén.

워 헌 페이푸 한궈 허 중궈더 민쭈 징선.

吉童：当时韩国临时政府也在上海。

dāngshí hánguó línshí zhèngfǔ yě zài shànghaǐ.

당스 한궈 린스 정푸 예 짜이 상하이.

和田：我很想去看一看当年的临时政府旧址。

wǒ hěn xiǎng qù kàn yī kàn dāngniánde línshí zhèngfǔ jiùzhǐ.

워 헌 샹 취 칸 이 칸 당녠더 린스 정푸 주즈.

吉童：去大观园的时候能经过那儿。我们先吃早饭吧!

qù dàguānyuánde shíhou néng jīngguò nàr. wǒmen xiān chī zǎofàn ba!
취 다관위엔더 스허우 넝 징궈 나얼. 워먼 셴 츠 짜오판 바!

和田：我吃豆浆、荷包蛋、油条和馒头。

wǒ chī dòujiāng、hébaōdàn、yóutiáo hé mántou.
워 츠 더우장, 허바오단, 여우탸오 허 만터우.

吉童：我吃稀饭、咸菜、肉包和茶叶蛋。

wǒ chī xīfàn、xiáncaì、ròubaō hé cháyèdàn.
워 츠 시판, 셴차이, 러우바오 허 차예단.

和田：在中国随时随地可以吃到简单的早餐, 方便得很。

zài zhōngguó suíshí suídìdi kěyǐ chīdào jiǎndānde zǎocān, fāngbiànde hěn.
짜이 중궈 쑤이스 쑤이디 커이 츠다오 젠단더 짜오찬, 팡볜더 헌.

해석

길동 우리 근처에 있는 공원으로 산보하러 갑시다!

와다 사람들의 아침 생활을 한번 보면, 중국 문화를 좀 더 깊이 이해할 수 있죠.

길동 이 공원은 원래 이름이 훙커우공원인데, 후에 루쉰공원으로 이름이 바뀌었지요.

와다 공원 안에서 많은 사람들이 음악에 맞추어 사교춤을 추고, 어떤 사람들은 태극권을 연마하는군요.

길동 새를 키우는 사람들은 새장을 가지고 나와, 새들에게 맑은 공기를 마시게 하는군요.

와다 저곳은 루쉰기념관이군요. 그는 중국인들의 자랑이죠.

길동 또한 이곳에서 한국의 한 영웅(독립투사)이 일본 점령군을 향해 수류탄을 투척했죠.

와다 참으로 한국과 중국의 민족정신에 탄복합니다.

길동 당시 한국 임시정부도 상하이에 있었죠.

와다 당시 임시정부의 옛터를 한번 가보고 싶군요.

길동 대관원에 갈 때 그곳을 지나갈 수 있을 거예요. 우선 아침식사를 합시다!

와다 나는 두장, 계란부침, 긴 튀김빵(유조), 그리고 만두를 먹을래요.

길동 난 죽과 짠지, 고기만두, 그리고 차엽단을 먹을래요.

와다 중국에서는 언제 어디서든 아침을 간단히 먹을 수 있어서 아주 편해요.

주요 단어

公园 gōngyuán (명) 공원

散步 sànbù (명)(동) 산보, 산보하다

深入 shēnrù (동) 깊이 파고들다

了解 liǎojiě (동) 이해하다

原名 yuánmíng (명) 원명, 본명

虹口公园 hóngkǒu gōngyuán (명) 훙커우(홍구) 공원

后来 hòulái (명) 그 후

改名 gǎimíng (동) 개명하다

合 hé (동) 합치다, 부합하다

音乐 yīnyuè (명) 음악

跳 tiào (동) 껑충 뛰다

交际舞 jiāojìwǔ (명) 사교춤. 삼바는 桑吧sāngbā, 룸바는 伦吧lúnbā

打 dǎ (동) 치다, 하다

太极拳 tàijíquán (명) 태극권

养鸟 yǎng niǎo (동) 새를 기르다. 개, 돼지를 기르다는 각각 养狗, 养猪. 아이를 키우다와 부모를 모시다는 각각 养孩子, 养父母

鸟笼 niǎolóng (명) 새장

带 dài (동) 지니다, 데리다, 휴대하다

呼吸 hūxī (명)(동) 호흡, 호흡하다

空气 kōngqì (명) 공기

鲁迅纪念馆 lǔxùn jìniànguǎn (명) 루쉰기념관

人民 rénmín (명) 인민

英雄 yīngxióng (명) 영웅

手榴弹 shǒuliúdàn (명) 수류탄

投向 tóuxiàng (동) ～에 투입하다, 투신하다

日本占领军 rìběn zhànlǐngjūn (명) 일본점령군

佩服 pèifú (동) 탄복하다, 감탄하다. 동의어는 钦佩qīnpèi, 敬佩jìngpèi

民族精神 mínzú jīngshén (명) 민족정신

当时 dāngshí (명) 당시, 그 때

临时政府 línshí zhèngfǔ (명) 임시정부

旧址 jiùzhǐ (명) 옛터

大观园 dàguānyuán (명) 대관원

经过 jīngguò (동) 경유하다, 거치다

早饭 zǎofàn (명) 아침밥, 동의어는 早餐, 早点

豆浆 dòujiāng (명) 두장, 콩국

荷包蛋 hébaōdàn (명) 계란부침

油条 yóutiáo (명) 긴 튀김빵, 유조
馒头 mántou (명) 소가 없는 만두, 찐빵
稀饭 xīfàn (명) 묽은 죽. 유사어는 粥zhōu
咸菜 xiáncaì (명) 짠지, 장아찌
肉包 ròubaō (명) 고기만두
茶叶蛋 cháyèdàn (명) 찻잎과 간장으로 조린 계란인 차엽단
随时 suíshí (부) 언제나
随地 suídì (부) 어디서나
吃到 chī (동) 먹다
早餐 zǎocān (명) 아침밥

주석 및 요점

1. 了解

了解는 이해한다는 의미인데, 유사한 단어로는 理解가 있다. 了解와 理解 모두 상대방이나 상대방의 말뜻, 문장의 뜻을 이해한다는 의미인데, 理解가 了解에 비해 상대의 상황을 더 자세히 알고 있는 경우에 쓰인다. 그리고 明白는 상대방의 뜻을 분명하게 이해한다는 의미다.

이밖에 우리말로 "알다", 또는 "이해하다"로 해석되는 단어로는 知道·认识··明白·懂·晓得 등이 있다. 하지만 각 단어의 실제 의미는 서로 약간의 차이가 있다. 认识는 영어의 recognize의 뜻으로 사람이나 사물을 인식하고 있다는 의미이고, 知道는 영어의 know와 같이 비교적 광범위하게 쓰이며, 晓得는 주로 남방지역에서 많이 쓰인다.

2. 散散步와 동사의 중첩

散步를 散散步로 중첩하여 표현하는 것과 같이 중국어의 일부 동사는 중첩이 가능한데, 중첩 방식이 음절에 따라 달라지기도 한다. 1음절의 경우, 看看，看一看，看了一看의 형태로, 2음절의 경우 散步散步，散散步의 형태로 표현이 가능하다. 동사의 중첩은 동작의 짧은 지속, 시험 삼아 한번 해보다의 의미를 나타내거나 가벼운 어투를 나타내기도 한다.

3. 打와 대동사

본문 "打太极拳"에서 打는 운동을 연마하는 의미로 사용되고 있다. 그런데 이 打는 상황에 따라 다양한 의미를 지닌다. "치다", "때리다"라는 기본 뜻을 지닌 打는 영어의 hit나 우리말의 "때리다"라는 속어와도 유사성이 있다.

영어의 "hit the road(길을 떠나다)", "hit the sack(잠자리에 들다)", "hit the books(열심히 공부하다)", "hit the air(방송하다)"와 우리말 구어체에서 "잠 좀 때리자", "신문 방송에 때리다", "전화 한 통 때리자", "자장면 한 그릇 때리자", "골 때리네", "때려 넣어" 등의 표현들처럼 打도 다양하게 활용된다. 예를 들면 "택시를 타다(打的)", "고소하다(打官司)", "전화를 하다(打电话)", "청소를 하다(打扫)", "공을 치다(打球)", "타자하다(打字)", "재채기를 하다(打喷提)" 등이 있다.

이처럼 동사 打는 "치다"라는 기본 의미 외에, 뒤에 수반되는 목적어에 따라 그 의미가 다양하게 나타나며, 영어의 do와 같은 대동사 역할을 하고 있다. 중국어에서 대동사 역할을 하는 동사로는 打 외에도 办·弄·做·干·搞 등이 있다.

4. 出来와 방향보어

본문의 "带出来"에서 出来는 방향을 나타내는 방향보어 또는 추향보어다. "집어서 꺼내다"이 표현은 "拿出来"라고 하면 된다. 방향이 화자로부터 반대인 경우에는 방향보어 出去를 사용한다. 예를 들면 "걸어 나가다"는 "走出去"로, "이사 나가다"는 "搬bān出去"로 표현하면 된다.

5. 吃到와 吃得到, 吃不到

본문 "可以吃到简单的早餐" 중 吃到의 到는 결과보어로 쓰인다. 到는 목적이나 결과가 어느 정도 도달했거나, 동작이나 행위의 수확을 나타내는 데 사용된다. 到 대신 得到를 붙이면 "(있어서) 먹을 수 있다"는 의미가 되며 이 때 得到는 가능보어 역할을 한다. 그리고 吃得到의 반의어는 吃不到로서 "(없어서) 먹을 수 없다"는 의미가 되고, 여기서 不到는 부정의 의미가 담긴 가능보어 역할을 한다.

참고로 吃 뒤에 붙는 가능보어에 따라 의미가 상이하다, 대표적인 예로는 吃不了(많아서 다 먹을 수 없다), 吃不惯(음식이 습관이 안 되다), 吃不下(삼킬 수 없다, 감당할 수 없다), 吃不消(견딜 수 없다, 이겨낼 수 없다), 吃不起(비싸서 먹을 수 없다) 등이 있다.

6. 方便得很

方便得很(형용사 술어+구조조사+정도보어 很)은 很方便(부사어 很+형용사 술어)과 의미가 동일하다. 很高와 高得很, 很便宜와 便宜得很 형태도 마찬가지다.

다만 개사 比(than) 또는 比较가 들어간 비교구문에서는 方便得很이나 很方便 같은 표현은 사용할 수 없다.

这个比那个很长。(x)
这个比那个长得很。(x)

고로 "~보다 더"의 뜻을 나타낼 때는 다음과 같이 표현한다.

这个比那个 还要长/ 长很多/ 长好多/ 长得多/ 长多了。

알아두기

• 상하이임시정부

상하이 시내 신천지 근처 가난해 보이는 나지막한 집들이 늘어선 마당로 306호에 대한민국 임시정부 청사 건물이 남아있다. 표지판도 크지 않고 작은 골목에 자리하고 있어서 찾기가 쉽지만은 않은 곳이다. 3.1운동 후 상하이에서 광복을 위해 김구 선생을 비롯한 독립투사들이 활동하던 장소이다. 우리나라 독립을 위해 이 길을 수없이 오가며 활동했을 독립 운동가 생각에 마음이 숙연해진다.

안으로 들어가면 작지만 깨끗하고 깔끔하게 임시정부 활동당시의 모습을 추적하여 꾸며져 있고 많은 관련 자료와 설명들이 전시되어 있다. 3.1운동에서 독립을 선포한 우리 민족이 그 결실을 맺기 위하여 수립하고자 한 정부지만 일제의 삼엄한 감시 때문에 단일정부를 수립하지 못하고 여러 지역에서 별개의 임시정부를 수립해야만 했던 상황이었다. 1919년 국내에서는 한성정부가 수립되었으며, 상해에서는 민주공화제의 임시정부가 수립된 것이다.

대한민국 임시정부는 각지의 임시정부를 통합한 후, 민주주의에 입각한 근대적 헌법을 갖추고 이승만을 대통령으로 추대하여 우리나라 최초의 3권 분립에 의한 민주공화제 정부로 출범하였다. 그 후 김구 등의 노력에 의해 조직을 정비, 조국의 광복을 위해 노력하였다. 상하이에 육군무관학교를 설립하여 독립전쟁을 준비하였으며, 파리 강화회의에 김규식을 파견하여 우리민족의 독립을 주장하였고, 이승만을 중심으로 외교활동을 전개하여 독립 문제를 국제 여론화하였다. 또 독립신문을 간행하고 한일 관계 사료집을 간행하여 안으로는 민족의식을 고취시키고 밖으로는 한국의 자주성을 알려나갔다. 임시정부는 국내외에서 전개되고 있는 민족독립운동을 보다 조직적이고 효과적으로 추진하는 중추기관의 역할을 담당했을 뿐만 아니라 우리민족에게 끊임없이 조국독립의 희망을 불어넣어 주었고 국가건설의 방략을 제시하였다. 독립운동의 산실인 이곳 정부청사는 이후 일본 군국주의자들의 침략으로 인해 충칭으로 이전하게 된다.

윤봉길의사 흉상

수리 전 임시정부청사

2015년 수리 중 모습

수리 후 임시정부청사

• 음식문화

본문에서도 나왔지만 중국들이 평소 즐겨먹는 아침식사로는 묽은 쌀죽이나 조죽인 시판(稀饭), 고기나 해산물 등을 넣은 짙은 죽인 저우(粥), 콩국인 더우장(豆浆), 밀가루를 반죽하여 긴 막대 모양으로 만든 후 기름에 튀겨서 더우장에 적셔서 먹는 여우탸오(油条), 소가 없는 만터우(馒头)와 짠지인 셴차이(咸菜), 고기나 야채를 소로 넣어 만든 둥그스런 바오쯔(包子), 물만두나 찐만두인 자오쯔(饺子)와 육즙이 많은 샤오룽바오(小笼包), 계란부침인 허바오단(荷包蛋), 차잎을 넣은 간장에 조린 계란인 차예단(茶叶蛋) 등이 있다.

중국의 대표적인 요리는 지역별로 베이징요리(京菜), 산둥요리(鲁菜), 광둥요리(粤菜), 쓰촨요리(川菜), 상하이와 쑤저우를 포함한 장쑤요리(江苏菜), 항저우를 포함한 저장요리(浙江菜), 매콤한 후난요리(湘菜), 안후이요리(徽菜), 푸젠요리(福建菜)로 나눌 수 있다.

베이징요리는 원래는 산둥요리의 영향을 받아 발전하였다. 그중 대표적인 요리로 베이징오리구이(北京烤鸭, Peking duck)가 있다. 최근에는 전취덕과 같은 오리구이 체인점이 많고 전국적으로 분점도 많으며 가격도 비싼 편이 아니다. 구이용 오리는 사육단계부터 강제로 사료를 부어넣어 살을 찌우며 목탄으로 굽기 때문에 매우 고소하면서도 향긋하다. 요리사가 108편으로 자른 껍질을 전병에 싸서 먹는데, 탕과 오리혓바닥 튀김, 오리 내장 요리 등과 함께 먹기도 한다. 이밖에도 酱爆鸡丁jiàngbào jīdīng(닭고기를 네모 난 편으로 썰어 장으로 볶은 요리), 葱爆羊肉cōngbào yángròu(양고기와 파를 볶아 만든 요리), 涮羊肉shuàn yángròu(얇게 썬 양고기를 육수에 데쳐서 양념장에 찍어 먹는 요리) 등이 있다. 식당에 들어가 음식을 잘 모르면, 이 식당에서 가장 잘 하는 요리(拿手的菜, 招牌, 特色菜)가 무엇이냐고 물으면 된다.

쓰촨요리로는 麻辣豆腐málà dòufu(두부에 매콤하고 걸쭉한 소스를 얹은 요리), 宫保鸡丁gōngbǎo jīdīng(닭고기에 매운 고추와 땅콩을 넣어 볶은 요리), 鱼香肉丝yúxīang ròusī(채로 썬 고기를 어향이 나는 소스로 볶은 요리), 豆瓣鱼dòubàn yú(익힌 생선 위에 콩으로 만든 장을 얹은 요리), 糖醋鱼tángcù yú(생선을 새콤달콤하게 튀긴 요리로 탕수육 맛과 흡사함) 등이 있다.

중국인들의 음식 습관은 먼저 요리를 먹고, 밥이나 면 또는 만두를 나중에 먹으며 마지막에 탕을 먹는다. 밥과 함께 먹으려면 음식 주문 시에 밥(米饭mǐfàn)을 미리 주문해야 한다. 중국인들은 또 찬 음식이나 찬 음료, 날것은 잘 먹지 않는다. 음식이 하나씩 나오므로 천천히 이야기하면서 식사를 즐기는 것도 그들의 음식문화 중 하나다.

중국 요리 이름을 보면 대략 재료와 요리 방법을 알 수 있다. 요리 방법 중에서 炒chǎo는 볶음, 烤kǎo는 구이, 蒸zhēng은 찜, 炸zhá는 튀김, 煮zhǔ는 삶음, 炖dùn은 푹 고음, 煎jiān은 지짐 또는 졸임을 나타낸다. 재료를 자르는 방법 중에서 片piàn은 얇게 저미는 것, 丝sī는 채로써는 것, 块kuài는 재료를 크고 두껍게 토막 내는 것, 丁dīng은 정육면체로 썬 것을 나타낸다. 맛의 표현 중에서 甜tián은 단맛, 酸suān은 신맛, 辣là는 매운맛, 苦kǔ는 쓴맛, 咸xián은 짠맛, 涩sè는 떫은맛을 나타낸다.

• 홍콩(香港)과 광둥성(广东省)

홍콩은 영국의 조차지로서 오랜 기간 지배 받으면서 홍콩 특유의 문화를 형성한다. 아편전쟁 패배에 따른 난징조약(1842)을 통해 중국이 홍콩을 영국에 넘긴 후 1997년 반환받기까지 150여 년간 영국의 식민지하에 놓인다. 또한 홍콩은 역사적으로 자유무역항이었고, 홍콩사회가 주로 광둥에서 내려온 사람들로 구성되면서 홍콩은 다양한 요소가 혼합된 문화를 형성하였다. 중국적 가치와 영국적 사고, 자유 번영과 일국양제(一国两制) 속 외교와 국방상의 제한이라는 여러 상황들도 독특한 홍콩문화를 만들어갔다. '식민지 홍콩'은 어둠 속에 사라지고 '홍콩차이나'가 새 아침을 맞았지만 홍콩의 정체성은 여전히 혼란스럽다.

하지만 홍콩은 현재의 기본방침 아래 국제적인 비즈니스 중심지와 세계적인 관광대국으로서의 기존의 명성을 그대로 유지하며 지속적인 발전을 도모하고 있다. 언어는 영어가 공식어로 그대로 유지되며, 거리와 간판 및 관광지의 영어표기도 그대로 통용되고 있다. 홍콩은 크게 대륙의 끝자락인 구룡(九龙) 반도와 홍콩 섬 및 몇 개의 섬으로 이루어져 있으며, 도시 전체가 쇼핑문화거리이다.

홍콩은 실제로 광둥인들이 주로 거주하는 광둥지역권에 속한다. 그래서 홍콩요리는 마카오 요리와 함께 광둥요리에 속한다. 대표요리로는 불도장이라는 보양식이 있다. 재료로는 자라옆구리 살, 상어지느러미, 상어의 부레, 사슴의 종아리 인대, 해삼, 전복, 은행, 청경채 등의 재료와 7일간 숙성한 소스 국물을 사용하는데 맛과 영양이 그만이다. 폐에 좋으면서 담백한 백합요리도 유명하다. 식사 전에 마작을 즐기는 것도 홍콩인들의 습관이다. 죽 문화도 발달했고, 얌차(饮茶)와 딤섬(点心)도 특색 있는 음식문화이다.

광둥성의 광저우(广州)는 성도로서 주강 하류에 인접하며, 베이징, 상하이와 함께 중국의 3대 도시에 속하다. 한족(汉族)외에 소수민족인 이족(彝族), 묘족(苗族), 그리고 기타 소수민족들이 자치구와 자치주를 구성하고 있다. 광둥성은 또한 많은 화교들이 배출된 성이기도 하다. 한족 중 전란을 피해 남하한 객가인(客家人)들도 많이 거주한다. 과거에 허난성 지역에 거주하다가 전쟁을 피해서 5차례 남하하여 광동과 푸젠 지역에 정착하였는데, 수십만 명의 객가인은 광저우 동쪽인 월동(粤东)에 집단거주하고 있다. 그래서 이 지역에는 객가인의 전통 주거지 등 객가문화가 남아있다.

광저우는 열대와 아열대 기후에 속하여 예로부터 식물의 왕국이라 불릴 만큼 꽃과 풀이 풍성하다. 화남식물원(华南植物园), 운태화원(云台花园), 유화호수공원(流花湖公园) 등은 이러한 남국의 조경특색을 잘 살린 공원들이다. 광저우 교외에는 온천풍경구나 국가삼림공원이 있어 아름다운 자연을 충분히 느낄 수 있다. 또한 다른 도시와는 달리 자전거보다는 오토바이를 주요 교통수단으로 이용하는 시민이 눈에 많이 띤다. 그리고 광저우의 우수교육기관으로는 중산대학을 꼽을 수 있다. 이곳 출신인 중국의 국부 쑨원의 호를 따서 지은 교명인데, 캠퍼스에 들어서면 쑨원의 동상이 손님을 반긴다.

광저우와 함께 중국경제의 선두인 선전(深圳)은 광둥성 남부 해안가에 위치해 있으며, 홍콩과 광저우의 가교 역할을 하는 도시이다. 특히 선전시는 중국의 주요 대외무역 중심도시이자, 가장 일찍 개혁과 개방이 실시된 경제특구로 지정되어 개방개혁과 경제도시의 이미지가 강하다. 선전은 실제로 역사도 깊은 도시로써 진나라와 수나라의 고묘, 당대의 해광사와 영도사, 남당의 환도사, 송대의 적만천후묘, 명청 시대의 신안팔경 등 고대문물과 명소들이 도시 곳곳에 자리하고 있다.

광저우 중산대학

제11과

在百货商店买东西 · **백화점 쇼핑**

윈난성(云南省) 쿤밍(昆明)을 여행하면서, 귀국 후 식구들에게 줄 선물을 사러 백화점에 들른다.

和田 : 中山路真热闹, 应有尽有。

zhōngshānlù zhēn rènào, yīngyǒujìnyǒu.
중산루 전 러나오, 잉여우진여우.

吉童 : 跟韩国明洞的街头很相似。麦当劳、肯得基什么的都有。

gēn hánguó míngdòngde jiētóu hěn xiāngsì. màidāngláo、kěndéjī shénmede dōu yǒu.
껀 한궈 밍둥더 제터우 헌 샹쓰. 마이당라오, 컨더지 선머더 더우 여우.

和田 : 具有最新设备的百货商店鳞次栉比, 很值得逛一逛。

jùyǒu zuìxīn shèbèide bǎihuò shāngdiàn líncìzhìbǐ, hěn zhíde guàng yī guàng.
쥐여우 쭈이신 서베이더 바이훠 상뎬 린츠즈비, 헌 즈더 광 이 광.

吉童：台湾台北也有一条路名叫中山路，像这里一样拥挤热闹。

táiwān táiběi yě yǒu yī tiáo lù míngjiào zhōngshānlù, xiàng zhèlǐ yīyàng yōngjǐ rènào.
타이완 타이베이 예 여우 이 탸오 루 밍자오 중산루, 샹 저리 이양 융지 러나오.

和田：汽车喇叭声和卖小吃的叫卖声太吵了。我们到这家百货商店去吧!

qìchē lǎbashēng hé mài xiǎochīde jiàomàishēng tài chǎo le. wǒmen dào zhè jiā bǎihuò shāngdiàn qù ba!
치처 라바성 허 마이 샤오츠더 자오마이 성 타이 차오 러. 워먼 다오 저 자 바이훠 상뎬 취 바!

(백화점에 들어가서)

吉童：麻烦您，民俗工艺品和玩具在哪儿卖?

máfánnín, mínsú gōngyìpǐn hé wánjù zài nǎr mài?
마판닌, 민쑤 궁이핀 허 완쥐 짜이 나얼 마이?

服务员: 在三层。

zài sān céng.
짜이 싼 청.

吉童：这儿可不可以用信用卡结帐?

zhèr kě bù kěyǐ yòng xìnyòngkǎ jiézhàng?
저얼 커 부 커이 융 신융카 제장?

服务员：信用卡或支付宝都可以，现款也可以。

xìnyòngkǎ huò zhīfùbǎo dōu kěyǐ, xiànkuǎn yě kěyǐ.
신융카 훠 즈푸바오 더우 커이, 쏀콴 예 커이.

和田：我去地下超市买点儿东西。

wǒ qù dìxià chāoshì mǎi diǎnr dōngxi.
워 취 디샤 차오스 마이 디알 둥시.

(쇼핑을 마치고)

吉童：我想买的差不多都买到了。

wǒ xiǎng mǎide chàbuduō dōu mǎidào le.
워 샹 마이더 차부둬 더우 마이다오 러.

和田：你今天买了很多。重不重?

nǐ jīntiān mǎi le hěn duō. zhòng bù zhòng?
니 진톈 마이 러 헌 둬. 중 부 중?

吉童：还可以。

hái kěyǐ.
하이 커이.

和田：那边角落正在进行光棍节大拍卖。我们去看一下。

nàbiān jiǎoluò zhèngzài jìnxíng guānggùnjié dàpāimài. wǒmen qù kàn yīxià.
나볜 자오뤄 정짜이 진싱 광군제 따파이마이. 워먼 취 칸 이시아.

해석

와다 중산로는 정말 북적거리고, 없는 것이 없네요.

길동 한국의 명동 거리와 아주 흡사해요. 무슨 맥도날드햄버거 가게, 켄터키프라이드치킨점 등이 다 있네요.

와다　최신 설비를 갖춘 백화점도 즐비하군요. 거리 구경을 할 만하네요.

길동　타이완 타이베이에도 중산로가 있는데, 역시 이곳처럼 붐비고 북적거리죠.

와다　차 경적소리와 간단한 음식을 파는 상인들 외치는 소리가 너무 시끄럽네요. 이 백화점으로 들어가죠!

(백화점에 들어가서)

길동　죄송합니다만, 민속공예품과 완구류는 어디서 파나요?

종업원　3층에 있습니다.

길동　여기서 신용카드로 결제할 수 있나요?

종업원　신용카드나 알리페이(alipay) 둘 다 되고 현금도 됩니다.

와다　나는 지하 슈퍼마켓에 가서 물건을 좀 사야겠어요.

(쇼핑을 마치고)

길동　사고 싶은 것을 대충 다 샀어요.

와다　오늘 많이도 샀네요. 무거워요?

길동　그런 대로 괜찮아요.

와다　저쪽 코너에서 바겐세일을 하고 있네요. 한번 가서 보죠.

주요 단어

百货商店 bǎihuòshāngdiàn (명) 백화점. 동의어는 百货大楼，百货公司

云南省 yúnnánshěng (명) 윈난성
昆明 kūnmíng (명) 윈난성 성도 쿤밍
中山路 zhōngshānlù (명) 중산로
应有尽有 yīngyǒujìnyǒu (성어) 없는 것이 없다. 반의어는 一无所有
明洞 míngdòng (명) 서울 명동
街头 jiētóu (명) 길거리
相似 xiāngsì (형) 닮다, 비슷하다
麦当劳 màidāngláo (명) 맥도날드
肯得基 kěndéjī (명) 켄터키
什么的 shénmede (대) 등, 기타
具有 jùyǒu (동) 구비하다, 갖추다
最新 zuìxīn (명)(형) 최신, 최신의
设备 shèbèi (명) 설비
鳞次栉比 líncìzhìbǐ (성어) 집들이 빽빽하게 늘어서있다
值得 zhíde (동) ~할 만한 가치가 있다. 반의어는 不值得
台湾 táiwān (명) 타이완
台北 táibei (명) 타이완의 수도 타이베이
拥挤 yōngjǐ (형) 붐비다, 혼잡하다
喇叭声 lǎbashēng (명) 경적소리
小吃 xiǎochī (명) 간식
叫卖 jiàomài (동) 물건을 사라고 외치다
吵 chǎo (형) 시끄럽다
麻烦 máfán (형)(동) 귀찮다, 번거롭게 하다
民俗工艺品 mínsú gōngyìpǐn (명) 민속공예품
玩具 wánjù (명) 장난감
信用卡 xìnyòngkǎ (명) 신용카드

支付宝 zhīfùbǎo (명) 모바일 결제방식인 알리페이(alipay)
结帐 jiézhàng (동) 계산하다
现款 xiànkuǎn (명) 현금
地下 dìxià (명) 지하
超市 chāoshì (명) 슈퍼마켓. 동의어는 超级市场, 超级商场
差不多 chàbuduō (형) 비슷하다, 그런대로 괜찮다
重 zhòng (형) 무겁다
角落 jiǎoluò (명) 코너, 모퉁이
光棍节 guānggùnjie (명) 솔로의 날(Single Day)
大拍卖 dàpāimài (명) 바겐세일

주석 및 요점

1. 相似

相似는 형용사로서 "비슷하다", "닮다"의 뜻을 가지고 있다. 유사한 단어로는 类似가 있다. 다만 품사가 다르기 때문에, "形状很相似。(형태가 매우 비슷하다)"는 표현은 가능하지만, "形状很类似。"는 틀린 표현이다.

2. 麦当劳와 외래어

표의문자인 중국어는 발음운용상의 한계 때문에 외래어 원음 그

대로 받아서 표기하는 것은 쉽지 않다. 다만 원음과 비슷하면서 해당 발음에 속한 한자 중 의미가 있는 글자를 선택하여 번역(음역)을 하거나, 외래어의 의미를 중국어로 번역(의역)하여 활용하기도 한다.

본문에 소개된 외래어 외에, 일상생활에서 많이 사용하는 외래어는 다음과 같다.

乐天玛特(롯데마트)，易买得(이마트), 必胜客(피자헛), 澳ào派牛排(아웃백, Outback Steakhouse), 唐纳德 特朗普(도널드 트럼프), 唐老鸭(도널드 덕), 希拉里(힐러리), 普京(푸틴), 卡斯特罗luó(카스트로), 暹xiān芭(2016년 태풍 차바)

외국 국명 등 외래어가 중국어로 유입될 때도 음역과 의역을 거친다. 몇몇 나라의 중국식 표현을 살펴보자.

英国(yīngguó 영국): 英은 발음이 잉(yīng)으로, 잉글랜드(England)의 앞부분을 음역한 것이고, 国은 뒷부분 land를 중국어로 의역한 것이다. 그러면서 영국이란 나라를 미화하기 위해 잉으로 발음되는 한자 중에서 英이라는 예쁜 글자를 선택하여 작명한 것이다.

西班牙(xībānyá 스페인) : 스페인의 스페인어명인 에스파냐(España)와 발음이 유사한 시반야라고 음역하였다.

沙特阿拉伯(shātè ālābó 사우디아라비아): 사우디아라비아를 사터아라보로 음역한 것이다. 음역이지만 사우디의 상징인 모래를 뜻하는 沙라는 글자와 알라신을 연상시키는 알라 발음을 선택하고 있다. 타이완에서는 沙乌地shāwūdì阿拉伯로 표기한다.

스페인의 경우 우리는 스페인으로도 또 서반아로도 부른다. 여기서 서반아란 바로 스페인을 중국인들이 중국어 발음에 의거하여 음역한 것을 우리는 근대화시기에 글자만을 수입하여 우리식 한자 발음으로 다시 바꾸어 부른 것이다.

3. 到~ 去~

"到~ 去~"는 "~로 가다"는 뜻을 나타내는 구문으로, 다른 표현으로는 다음과 같이 사용한다.

你去哪儿?
你上哪儿?
你上哪儿去?
你到哪儿?

"나는 내일(明天) 도서관(图书馆)에 간다"는 표현을 가능한 모든 표현을 사용하여 중국어로 번역해보세요.

---

4. 结帐

식당에서 음식을 먹고 난 후, 또는 마트에서 물건을 사고 난 후, 계산할 때 "계산해주세요"라는 의미로 结帐이라고 한다. 유사어로는 结账zhàng, 算帐이 있고 난방지역에서는 埋mái单이라고도 한다.

5. 重

重은 무겁다는 뜻이며, 동의어로 沉(북방어)이 있다. 반의어는 轻이다.

这个东西沉不沉? 이 물건은 무겁습니까?
这个东西轻不轻? 이 물건은 가볍습니까?
轻一点儿。(안마를) 약하게 좀 해주세요.
重一点儿。(안마를) 세게 좀 해주세요.

알아두기

• 타이완과 민남문화

또 하나의 중국 타이완은 전반적으로는 중국 대륙문화를 이어받고 있지만, 역사적으로는 최초에 원주민인 고산족 문화가 자리하였었고, 중간에 대륙의 민남(闽南) 지방에서 이주한 일명 타이완인(台湾人)의 남방문화가 결합되었으며, 근래에는 일본의 식민지시대를 겪으면서 수입된 일본식 문화가 혼합되면서 아열대의 독특한 문화를 형성하고 있다.

인구는 2,300만 명으로, 인종은 원래부터 이곳에서 터전을 잡고 살던 원주민인 고산족(高山族)과 한족(汉族)으로 구성되어 있다. 고산족은 피부가 검은 편에 체구가 당당하고 눈이 크며 눈동자가 까만 특징을 갖고 있는데, 하와이, 사모아, 미크로네시아 등 태평양 폴리네시아 군도의 원주민 및 필리핀이나 인도네시아 원주민과 외모적으로 흡사하다. 현재 타이완 인구 중 약 2%에 해당하는 50만 명의 원주민이 산악지대를 중심으로 거주하고 있다. 타이완 원주민들은 핏줄이나 언어, 거주 지역의 문화 차이에 따라 그 종족이 나뉘며 명칭도 달리 칭하고 있다. 1954년 3월 타이완 국민당정부는 정식으로 이들 원주민을 아미족(阿美族, Ami 혹은 Amis), 태아족(泰雅族, Ataya), 포농족(布农族, Bunun), 추족(邹族, Tsou), 노개족(鲁凯族, Rukai), 배만족(排湾族, Paiwan), 비남족(卑南族, Puyuma), 아미족(雅美族, Yami) 또는 달오족(达悟族, Tao), 새하족(赛夏族, Saisiat) 등 9개 종족으로 분류하였다. 이후 소족(邵族, Tsao), 태로각족(泰鲁阁族, Truku), 갈마란족(噶玛兰族, Kavalan)을 추가하여 12개 종족으로 분류하였고, 2007년도 이후에는 원주민으로 인정받은 살기래아족(撒奇莱雅族)을 포함하여 총 13개 종족으로 분류하였다. 그리고 태아족으로부터 분리되어 2008년 4월 타이완정부로부터 제14의 원주민으로 분류된 새덕극족(赛德克族)이 있다. 그러다가 17세기 무렵 중국 대륙에서 남쪽 해안지대인 푸젠성의 취엔저우(泉州)와 장저우(漳州), 그리고 광둥의 메이현(梅县)과 차오저우(潮州)에서 주민들이 이주해온다. 특히 청나라에 대항하던 명조 부흥운동의 최대세력인 정성공(郑成功)이 1661년 40여 년간 타이완을 통치한 네덜란드 군을 물리치고 들어오면서 상당수 사람들이 따라 내려왔고, 이때부터 타이완은 남방 거주 한족들에 의해 중국화 되기 시작하였다. 이들 정착민들은 푸젠성의 남쪽 즉 민남지역에서 왔다고 하여 스스로를 민남인(闵南人)이라고 불렀다. 이

타이완 태아족 원주민

들 언어는 민남어를 사용하면서 그들이 숭배하던 마조신앙을 가져와 모시기 시작하였다. 현재도 타이완 지하철을 타면 베이징어와 함께 민남어, 객가어가 방송되고, 남방의 민간신앙과 종교색채가 그대로 이어지고 있으며 곳곳에 남방 사원인 마조묘와 행천궁 등이 산재해있다. 타이완의 종교는 공식적으로 민간신앙이라고 부른다. 타이완 수도인 타이베이에는 가장 오래된 사원인 용산사가 있다. 이곳은 불상을 모셔놓고 있지만 도교적 색채와 척교와 점이라는 미신적 색채가 가미되어 타이완 특유의 민간신앙을 유지하고 있다.

이밖에 지남궁이라고 하는 도교사원이 있지만 역시 민간신앙의 부류에 속한다. 곳곳에서는 종이돈을 태우고, 향을 피우고 간략하게 제를 지내는 경우가 많다. 타이완들은 상당히 종교적인 민족임을 알 수 있다. 언어 역시 동남아시아 언어처럼 억양이 다양하고 권설음이 거의 없어서 흘려서 발음하는 경우가 별로 없고 딱딱 맺고 끊는 발음이 많다.

도교사원인 지남궁

현재 타이완의 총통은 민진당의 차이잉원으로서 중국과의 통일을 바라는 국민당과 현상유지를 하면서 독립의 길을 가고자하는 민진당이 팽팽한 노선 경쟁을 벌이고 있다. 통일문제에 있어서, 중국은 하나의 중국을 주장하면서 일국양제 정책을, 타이완은 일국양구, 일변일국의 신중한 정책을 펴고 있다.

출근 모습

영화촬영지로 유명해진 주펀

타이완 스린 야시장

달콤한 두화

취두부

사탕수수 주스

• 솔로의 날(Single Day) 광군제(光棍节)와 쇼핑의 날(购物节)

중국에서는 11월 11일이 광군제이다. 11월 11일은 네 개의 고독한 방망이 모양의 1자가 마치 싱글족들을 형상화한 모습과 흡사하기 때문에 이렇게 명명하였다.

그런데 광군제는 처음에 어떻게 출현한 것일까? 이에 대해서는 여러 설이 있지만 광범위하게 인정되는 설은 난징대학 기숙사문화에서 나왔다는 것이 통설이다. 1993년 난징대학 기숙사의 4명의 4학년 학생들이 매일 저녁 누워서 담소나누기 프로그램을 진행했는데, 한때 토론의 주제가 어떻게 하면 싱글 생활에서 벗어날 수 있을까에 대해서였고, 당시 11월 11일이 돌아오게 되자, 이날을 광군제 즉 솔로의 날로 정하고 조직적인 활동을 하자고 의견을 내면서부터 시작되었다는 것이다. 그리고 난징대학에서 시작한 광군제는 점차 전국의 대학캠퍼스 취미문화 활동으로 발전하였다.

그러다가 학생들이 졸업하고 사회에 진출하면서 성년 싱글 남녀들이 늘어나고 집단적인 활동과 인터넷 커뮤니티와 SNS를 통해 전파되면서 광군제는 일반사회 속에도 퍼져나갔고, 급기야는 광군제에서 퉈광제(脱光节) 즉 솔로탈출의 날로 발전하게 되었다.

이러한 문화제는 마케팅과 결합되면서 이제는 거우우제(购物节) 즉 쇼핑의 날로 변모되어가고 있다. 이것은 바로 국민 아빠 마윈이 주도한 것이다. 이날은 이제 솔로들이 필요한 물건들, 솔로들의 행사 관련 물건들이 팔리면서, 전국적으로 인터넷과 모바일을 통한 쇼핑의 날이 되었다.

光棍节是怎么来的？

11月11日，被形象地称为光棍节，“11月11日”因有四个孤单的“1”字，和光棍们形单影只的形象很贴切，因而被富于创意地称为“光棍节”。但是你知道光棍节光棍节是怎么来的？光棍节的由来是怎么的吗？

11月11日快来了，曾经的光棍节，现在的购物节

现在大部分人都应该知道，双十一购物节是怎么来的吧！对

就是“国民爸爸”马云创办的。

但是，你知道光棍节是怎么来的吗？其实关于光棍节的由来是有N个版本的。

被人广为接受的说法：光棍节的来历有多种说法，被人广为接受的是，它起源于南京大学宿舍文化。

1993年，南京大学“名草无主”寝室四个大四学生每晚举行“卧谈”，一段时间卧谈的主题都是讨论如何摆脱光棍状态，卧谈中创想出了以即将到来的11月11日作为“光棍节”来组织活动，从此，光棍节逐渐发展成为南京高校以至各地大学里的一种校园趣味文化。

随着一批批学子告别校园，这个节日被渐渐带入社会，并随着成年单身男女群体的庞大，以及群体活动和网络媒体的传播，光棍节在社会流行开来，并由光棍节发展出了“脱光节”。

제12과
换钱 · 환전

길동과 와다는 환전하기 위해 중국은행에 간다.

吉童 : 我手头的人民币都花光了。

wǒ shǒutóude rénmínbì dōu huāguāng le.
워 서우터우더 런민비 더우 화광 러.

和田 : 我也几乎都用完了, 非换钱不可了。

wǒ yě jīhū dōu yòngwán le, fēi huànqián bùkě le.
워 예 지후 더우 융완 러, 페이 환첸 부커 러.

吉童 : 那我们到南京路的中国银行去吧!

nà wǒmen dào nánjīnglùde zhōngguó yínháng qù ba!
나 워먼 다오 난징루더 중궈 인항 취 바!

(중국은행으로 가서)

吉童：我要把美元换成人民币。

wǒ yào bǎ měiyuán huànchéng rénmínbì.
워 야오 바 메이위엔 환청 런민비.

和田：今天的外汇牌价怎么样?

jīntiānde wàihuì páijià zěnmeyàng?
진톈더 와이후이 파이자 쩐머양?

职员：美元一百块等于人民币六百二十五元。

měiyuán yī bǎi kuài děngyú rénmínbì liù bǎi èr shí wǔ yuán.
메이위엔 이 바이 콰이 덩위 런민비 류 바이 얼 스 우 위엔.

和田：我用日元换人民币。

wǒ yòng rìyuán huàn rénmínbì.
워 융 르위엔 환 런민비.

职员：一万日元等于人民币六百八十元。

yī wàn rìyuán děngyú rénmínbì liù bǎi bā shí yuán.
이 완 르위엔 덩위 런민비 류 바이 바 스 위엔.

和田：带着计算器站在银行门口的人是什么人?

dàizhe jìsuànqì zhàn zài yínháng ménkǒude rén shì shénmerén?
다이저 지쏸치 잔 짜이 인항 먼커우도 런 스 선머런?

职员：他们是货币兑换商。

tāmen shì huòbì duìhuànshāng.
타먼 스 훠비 두이환상.

和田：他们比银行换得多吗?

tāmen bǐ yínháng huànde duō ma?
타먼 비 인항 환더 둬 마?

职员：多是多，可是这是非法的，又是危险的。

duō shì duō, kěshì zhè shì fēifǎde, yòushì wēixiǎnde.
둬 스 둬, 커스 저 스 페이파더, 여우스 웨이셴더.

和田：外边下雨了. 好在我们带了雨伞。

wàibian xiàyǔ le. hǎozài wǒmen dài le yǔsǎn.
와이볜 샤위 러. 하오짜이 워먼 다이 러 위싼.

吉童：听说昆明是经常下这种毛毛雨。

tīngshuō kūnmíng shì jīngcháng xià zhèzhǒng máomaoyǔ.
팅숴 쿤밍 스 징창 샤 저중 마오마오위.

해석

길동 내 수중에 있던 인민폐를 다 써버렸어요.
와다 나도 거의 다 써서, 환전을 안 하면 안돼요.
길동 그럼 난징로에 있는 중국은행으로 갑시다!

(중국은행으로 가서)

길동 달러를 인민폐로 바꾸어야겠어요.
와다 오늘의 환율이 어떻게 되나요?
직원 미화 100달러 당 인민폐 625위안이군요.
와다 나는 엔화를 인민폐로 바꾸려는데요.
직원 일화 10,000엔 당 인민폐 680위안이네요.
와다 은행 입구에 계산기 갖고 서있는 사람들은 누구죠?
직원 환전상들이죠.

와다　그들이 은행보다 돈을 많이 바꿔주나요?

직원　많기는 하지만, 불법적이고 위험하기도 하죠.

와다　바깥에 비가 내리는군요. 다행히 우산을 가지고 왔네요.

길동　쿤밍에는 이런 보슬비가 자주 내린다고 하더군요.

주요 단어

换钱 huànqián (동) 환전하다

手头 shǒutóu (명) 수중, 주머니

人民币 rénmínbì (명) 인민폐

花 huā (명)(동) 꽃, 사용하다

光 guāng (형) 하나도 남아있지 않다

用 yòng (동) 사용하다

非 fēi (동) 아니다

不可 bùkě (동) 해서는 안 된다

南京路 nánjīnglù (명) 난징로

中国银行 zhōngguó yínháng (명) 중국은행

换成 huànchéng (동) ~으로 바꾸다

外汇牌价 wàihuì páijià (명) 환율, 외환가격

等于 děngyú (동) ~와 같다, ~와 마찬가지다

日元 rìyuán (명) 일본 엔화

计算器 jìsuànqì (명) 계산기

门口 ménkǒu (명) 입구, 현관

货币兑换商 huòbì duìhuànshāng (명) 화폐 환전상

非法 fēifǎ (형) 불법의

危险 wēixiǎn (형) 위험하다
外边 wàibian (명) 바깥
下雨 xiàyǔ (동) 비가 내리다
好在 hǎozài (부) 다행히, 운 좋게도
雨伞 yǔsǎn (명) 우산. 雨后送伞은 일이 끝난 뒤 도움을 준다는 의미
经常 jīngcháng (부) 늘, 언제나, 항상. 유사어는 时常，常常，平常，老是，总是，始终
毛毛雨 máomaoyǔ (명) 가랑비, 보슬비

주석과 요점

1. 人民币，日元，美元

중국에서는 화폐 중 지폐는 纸币，동전은 硬币라고 부른다. 중국의 위안화는 人民币(RMB), 일본의 엔화는 日元 또는 日币, 한국 원화는 韩币, 미국의 달러는 美元(USD)(타이완에서는 美金이라고도 칭함)라고 부른다.

외국환 환율은 外汇牌价라고도 하고, 外汇率lǜ，兑换率라고도 한다.

美元 měiyuán	미국 달러	英镑 yīngbàng	영국 파운드
港币 gǎngbì	홍콩 달러	欧元 ōuyuán	유로화
法国法郎 fǎguó fǎláng	프랑스 프랑	德国马克 déguó mǎkè	독일 마르크

2. 用完了

본문 중 "用完了"에서 用은 동사 술어, 完은 결과보어, 了는 동태 조사이다. 일반적으로 '술어+결과보어'의 구조에서는 결과보어가 동작이나 행위의 완료를 나타내기 때문에, 완료나 실현을 표현하는 동태조사 了가 뒤에 온다.

또한 동작의 결과 아무 것도 남지 않는 경우에는 "花光了(다 써 버리다)"처럼 결과보어 光을 사용한다.

3. 非~ 不可

부정적인 판단을 표시하는 동사 非는 때로는 不可, 不行, 不成과 호응하여, "반드시 ~해야 한다"는 의미의 부사로서 쓰이기도 하다. 간혹 不可 등은 생략이 가능하다.

非发展不可。발전을 해야 한다.

不让他去，他非去。그를 가지 못하게 해도, 그는 반드시 가야한다.

4. 非法

중국어로 불법은 非法로 표현한다. 예를 들어 불법거래나 불법무역은 非法交易，非法贸易로 표현한다. 반의어는 合法다. 규정을 어기는 것은 违wei规로 표현하고, 불법이나 규정을 어기고 만든 짝

퉁 제품은 假货，假冒品，山寨zhài品이라고 한다. 그리고 일반적으로 짝퉁문화를 山寨文化라고 칭한다.

알아두기

- **윈난(云南), 구이저우(贵州) 소수민족 문화**

1) 쿤밍(昆明), 다리(大理) 소수민족 문화

춘성(春城)이라 불리는 쿤밍은 윈난성 성도로서 인구 400만 명의 대도시다. 해발 2,000m의 고원지대라서 민감한 사람은 한번 씩 숨이 벅참을 느낄 수 있다. 쿤밍에는 27개 민족이 함께 살고 있는데, 그중 이족(彝族)이 많이 거주하고 있다. 여기서는 전통 복장으로 치장한 이족의 삶의 모습을 잘 들여다볼 수 있다. 볼거리로는 세계자연문화유산에 등재된 석림(石林)과 구향(九乡) 동굴이 있다.

다리고성

다리 삼탑

쿤밍에서 서쪽으로 300km 정도 떨어진 다리(大理)에는 백족(白族)이 집단으로 거주하고 있다. 이들은 흰옷을 기본으로 하면서 화려한 원색의 모자와 장식을 둘러서 산뜻하면서도 화려한 복장을 즐겨 입는다. 원형 그대로 남아있는 다리고성(大理古城)은 1,300여 년 전 당 왕조 시절 이곳 백족이 난자오국(南昭国)과 다리국(大理国)을 건설하여 상당한 기간 동안 그 영향력을 미쳤던 역사를 지닌 곳이다.

2) 리장(丽江) 납서족(纳西族)과 동파(东巴)문화

다리에서 다시 서북쪽으로 200km 떨어진 거리에 있는 리장에는 인구가 30만 정도 있는데, 그중 납서족이 70% 정도로 가장 많고 그밖에 한족과 소수민족인 마사족(摩梭族), 이족, 백족이 많이 거주한다. 납서족 일파인 마사족이 모계사회를 이루며 살아가고 있으며, 이들은 전통적인 동파문화와 모계사회문화를 잘 간직하고 있다. 천 여 년 전 이들 남자들이 차마고도를 통해 장기간의 장사를 하기 위해 집을 비우게 되고, 이에 여자들이 집안의 가장 역할을 함으로써 모계사회가 정착되었다. 또한 해발 2,436m의의 고원에 위치한 리장은 차마고도(茶马古道)의 시발점으로서 히말라야 끝자락인 옥룡설산(玉龙雪山)과 고성, 그리고 아름다운 라스하이호수로도 유명하다.

동파문자

납서족 문자는 동파문이라고 부른다. 종교 리더이자 샤먼인 동파들이 사용한 문자이기 때문이다. 그리고 동파와 동파문을 총괄하여 동파문화라고 부른다. 납서족의 동파문은 상형문자로서 아름다운 형상미를 자랑한다. 벽마다, 또는 상점의 음식메뉴, 또는 화장실을 알리는 표지에 한자와 함께 동파문이 쓰여 있다. 중국 속 이국적이고 이색적인 면모를 볼 수 있다.

리장의 옛 모습을 거의 그대로 간직한 곳으로는 리장고성(丽江古城)과 쑤허고진(束河古镇)이 있다. 세계문화유산으로 등록된 리장고성은 다리고성보다 그 규모가 크고 안쪽의 오일가(五一街), 칠일가(七一街) 등 길들이 미로처럼 얽혀있어서 자칫 길을 잃기 쉽다. 예전에는 차마고도의 시발점인 이곳에서 마방들이 말에 짐을 싣고 좁은 길을 지났던 것이다.

리장 고성

카이리 묘족마을 천호묘채

3) 구이저우 카이리(凯里) 묘족문화

구이저우에는 소수민족이 많이 거주하는데, 특히 묘족이 많다. 그중 카이리 묘족동족자치주(苗族侗族自治州)에 있는 시장(西江)의 천호묘채(千户苗寨)는 독특한 묘족의 생활풍속이 그대로 남아있는 곳이다.

천호묘채는 천 채의 묘족 가옥이 붙어있는 마을이다. 그 옛날 묘족들이 적을 피해 이곳까지 피난 온 후 정착하면서 요새처럼 마을을 이루고 농사를 지으며 살고 있는 동네이다. 산속 언덕 위에 묘족의 전통가옥들이 옹기종기 붙어있어서 멀리서 보면 둥그런 타조 알 같은 타원형 모양의 형태를 띠고 그 앞에는 시내가 흐르고 위로는 맑은 하늘이 보이는 아름다운 무릉도원이다.

묘족박물관에는 묘족의 짚신과 탈곡기, 그리고 디딜방아와 지게들이 옛날 우리의 시골에서 손쉽게 볼 수 있는 그런 물품들이 진열되어 있다. 몇몇 학자의 말대로 묘족과 우리 민족의 친연성이 있을 가능성이 높다. 또한 치우천왕을 숭앙하고 동네에 치우천왕부락(蚩尤天王部落)이라는 표지도 있는데, 이 역시 우리와 치우와의 관계에서 볼 때 의미 있는 대목이다.

묘족마을 풍경

묘족마을 치우부락

묘족의 음식은 독특하다. 아침에는 쌀로 만든 국수와 인절미와 유사한 형태의 쫄깃쫄깃한 찹쌀떡, 그리고 콩국을 먹는다. 전통음식으로는 산탕어(酸汤鱼)라는 생선탕국이 있다. 산 잉어를 재료로 하여 새콤한 야채가 들어간 일종의 매운탕이다. 맛은 산초와 유사한 얼얼하면서 매콤한 맛인 화초와 고추가 들어가서 매콤하면서 시큼하다. 시큼한 산채(酸菜)는 생선의 비린내를 잡아주고, 생선이 또

시큼하지만 뒷심이 부족한 부분을 채워주기에 서로 조화를 이룬다. 새콤한 탕 맛은 토마토로 낸다는 점이 특이하다.

• 중국의 은행과 화폐

한국은행처럼 중국의 중앙은행은 인민은행(人民银行)이고, 일반인이 이용하는 중국의 은행 중 가장 큰 은행은 바로 중국은행(中国银行)이다. 어느 지역을 가더라도 중국은행 지점이 있으며, 이 은행에서 외환 및 송금 업무를 편리하게 처리할 수 있다. 중국은행 외에 공상은행(工商银行), 건설은행(建设银行), 교통은행(交通银行), 농업은행(农业银行)이 비교적 큰 은행에 속한다. 제2금융권으로는 신탁공사 등이 있고 사설 금고로는 전당포가 있는데, 길거리에 当铺dàngpu 또는 当이라고 쓰여진 간판이 전당포 표시이다. 중국의 은행은 보통 오전 8시 30분에서 오후 5시 30분까지 영업을 하며 점심시간에도 영업을 한다. 일반 회사나 기관이 오전 8시부터 12시까지 근무하고, 2시간의 점심 휴식을 한 뒤 오후 2시부터 6시까지 근무하는 것과는 조금 다르다.

예금의 경우, 인민폐로 저금하고 인출하는 인민폐 예금 통장도 있고, 달러를 직접 저금하고 찾을 수 있는 달러 예금 통장도 있다. 한국에서 달러를 송금하는 경우 달러 통장이 필요하므로 달러 통장을 만들어두는 것이 좋은데, 인민폐와 달러를 같이 입출금할 수 있는 本外币一本通běn wàibì yīběntōng이라는 통장을 만들면 가장 편리하게 사용할 수 있다. 송금을 받기 위해서는 은행 명칭과 주소, 그리고 통장에 기록된 계좌 번호(帐号)를 알려주면 된다.

외국인이 중국 은행에서 통장을 만들 때는 여권만 있으면 된다. 예금 종류로는 정기예금인 定期存款, 보통예금인 活期存款, 정기적금 격인 通知存款, 예금을 해놓고 이자를 타는 存本取息cúnběn qŭxī, 정기예금과 보통예금 방식이 결합된 定活两便 등이 있다.

중국의 화폐는 지폐와 동전이 있는데, 100위안부터 시작하여, 50위안, 20위안, 10위안, 5위안, 2위안, 1위안, 5마오, 2마오, 1마오 등이 있다.

우선 100위안부터 1위안짜리 지폐까지 앞면은 모두 마오쩌둥이다. 뒷면을 보면 우선 100위안의 경우 인민대회당, 50위안의 도안은 티베트 라싸의 포탈라궁, 20위안의 도안은 광시 구이린, 10위안의 도안은 장강삼협, 5위안의 도안은 산둥 태산, 1위안의 도안은 항저우 서호의 경관이다. 이전에는 지폐앞면은 일반인과 소수민족 모습이었는데, 후에 마오쩌둥으로 바뀌었다.

중국 화폐

아라비아 숫자는 0을 자칫 빼거나 넣는 오류가 발생할 수 있기 때문에, 숫자 표기 시에는 壹, 贰, 参, 肆, 伍, 陆, 柒, 捌, 玖, 拾, 佰, 仟, 万, 亿로 표기한다. 100위안짜리 지폐는 위조(伪钞chāo, 假钞)가 적지 않아서 위조 여부를 체크하는 과정을 거치는 경우가 종종 있고, 또한 개인적으로 위조 감별기(money detector)를 구입하여 진위 여부를 가리기도 하는데, 위조감별기도 가짜가 있어서 유의해야 한다.

제13과

中国朋友送行 · 중국 친구의 배웅

장명은 길동을 위해 귀국 환송을 한다.

张明 : 这是表演中国民族音乐的酒店, 可以欣赏到二胡、扬琴、琵琶等乐器的演奏。

zhè shì biǎoyǎn zhōngguó mínzú yīnyuède jiǔdiàn, kěyǐ xīnshǎngdào èrhú、yángqín、pípá děng yuèqìde yǎnzòu.

저 스 뱌오옌 중궈 민쭈 인웨더 주뎬. 커이 신상다오 얼후, 양친, 피파 덩 웨치더 옌쩌우.

吉童 : 谢谢你给我送行。时间过得真快。

xièxie nǐ gěi wǒ sòngxíng. shíjiān guòde zhēn kuài.

셰셰 니 게이 워 쑹싱. 스젠 궈더 전 콰이.

张明 : 我想起了童安格唱的'忘不了'的第一句是"为何一转眼, 时光飞逝如电"。

wǒ xiǎngqǐ le tóng āngé chàngde 'wàngbuliǎo'de dì yī jù shì

"wèihé yīzhuǎnyǎn, shíguāng fēishì rúdiàn".
워 샹치 러 퉁 안거 창더 '왕부랴오'더 디 이쥐 스 "웨이허 이잔옌, 스광 페이스 루뎬".

吉童 : 很感激你对我的帮助和照顾。在中国的生活, 我终生难忘。

hěn gǎnjī nǐ duì wǒde bāngzhù hé zhàogù. zài zhōngguóde shēnghuó, wǒ zhōngshēng nánwàng.
헌 간지 니 두이 워더 방주 허 자오구. 짜이 중궈더 성훠, 워 중성 난왕.

张明 : 我做了我应该做的。可惜你没去游览更多的地方。

wǒ zuò le wǒ yīnggaī zuòde. kěxī nǐ méi qù yóulǎn gèng duōde dìfāng.
워 쭤 러 워 잉가이 쭤더. 커시 니 메이 취 여우란 겅 뒤더 디팡.

吉童 : 下次来华时, 我一定要去西藏、海南、新藏等少数民族聚居地。

xiàcì láihuá shí, wǒ yīdìngyào qù xīzàng、hǎinán、xīncáng,zàng děng shǎoshùmínzú jùjūdì.
샤츠 라이화 스, 워 이딩야오 취 시짱, 하이난, 신짱 덩 사오수민쭈 쥐쥐띠.

张明 : 我敬你一杯。为了我们的友谊, 干杯!

wǒ jìng nǐ yī bēi. wèile wǒmende yǒuyì, gānbēi!
워 징 니 이 베이. 웨이러 워먼더 여우이, 간베이!

吉童 : 再次感谢你特地来为我送行。干杯!

zàicì gǎnxiè nǐ tèdì lái wèi wǒ sòngxíng. gànbēi!
짜이츠 간셰 니 터디 라이 웨이 워 쑹싱. 간베이!

张明 : 这是我的小礼物, 中国特产的高度茅台酒和玉石图章。

zhè shì wǒde xiǎolǐwù, zhōngguó tèchǎnde gāodù máotáijiǔ hé yùshí túzhāng.
저 스 워더 샤오리우, 중궈 터찬더 가오두 마오타이주 허 위스 투장.

吉童：谢谢。其实今天是我的生日。

xièxie. qíshí jīntiān shì wǒde shēngrì.
셰셰. 치스 진톈 스 워더 성르.

张明：祝你生日快乐! 今天是特别的日子, 祝你吃得好玩得愉快。

zhùnǐ shēngrìkuàilè! jīntiān shì tèbiéde rìzi, zhùnǐ chīde hǎo, wánde yúkuài.
주니 성르콰이러! 진톈 스 터베더 르쯔, 주니 츠더 하오 완더 위콰이.

吉童: 我想听你的歌儿。这儿有伴唱机。

wǒ xiǎng tīng nǐde gēr. zhèr yǒu bànchàngjī.
워 샹 팅 니더 꺼얼. 저얼 여우 반창지.

张明：我唱一首歌叫‘偶然’。“偶然就是那么偶然, 让我们并肩坐在一起……”

wǒ chàng yī shǒu gē jiào ‘ǒurán’. “ǒurán jiùshì nàme ǒurán, ràng wǒmen bìngjiān zuò zàiyīqǐ……”
워 창 이 서우 거 자오 ‘어우란’. “어우란 주스 나머 어우란, 랑 워먼 빙젠 쭤 짜이이치……”

吉童：请把麦克风递给我。我唱蔡琴的‘读你’。“读你千遍也不厌倦”

qǐng bǎ màikèfeng dì gěi wǒ. wǒ chàng càiqínde ‘dúnǐ’. “dú nǐ qiān biàn yě bù yànjuàn……”
칭 바 마이커펑 디 게이 워. 워 창 차이친더 ‘두니’. “두 니 첸 볜 예 부 옌쥐엔”

해석

장명 여기는 중국 민속음악을 공연하는 식당이에요. 이호, 양금,

비파 등의 악기 연주를 감상할 수 있어요.

길동 날 위해 배웅해 주어서 고마워요. 시간이 정말 빨리도 지나가네요.

장명 퉁안거가 부른 '왕부랴오'의 첫 구절인 "어찌 이렇게 눈 깜짝할 새에 시간은 번개처럼 날아가는가요."가 생각나네요.

길동 나에게 준 도움과 보살핌에 대해 정말로 감격했어요. 중국에 있는 동안의 생활을 일생동안 잊지 못할 거예요.

장명 당연히 해야 할 일을 한 거죠. 좀 더 여러 곳을 여행하지 못한 것이 아쉽군요.

길동 다음에 중국에 올 때는 시짱, 하이난, 신장 등 소수민족 마을을 꼭 돌아봐야지요.

장명 당신께 경배 올립니다. 우리의 우정을 위해, 건배!

길동 특별히 와서 날 위해 환송해 주어서 다시 한 번 감사 드려요. 건배!

장명 이건 내 작은 선물이에요. 중국 특산인 도수가 높은 마오타이주와 옥돌 도장이죠.

길동 고마워요. 사실 오늘이 또 내 생일이에요.

장명 생일 축하합니다! 오늘 특별한 날이니까, 한껏 먹고 유쾌하게 놀기를 축원합니다.

길동 당신 노래를 듣고 싶군요. 여기 노래반주기가 있네요.

장명 '우연'이라는 노래 한 곡 부를게요. "우연히 아주 그렇게 우연히, 우린 어깨를 나란히 하고 앉아서……"

길동 마이크 나에게 주세요. 나도 차이친이 부른 '두니'를 부를게요. "당신을 천 번 불러도 싫증나지 않는군요"

주요 단어

送行 sòngxíng (동) 바래다주다, 배웅하다

表演 biǎoyǎn (동) 공연하다

中国民族音乐 zhōngguó mínzú yīnyuè (명) 중국민속음악

欣赏 xīnshǎng (동) 감상하다, 좋아하다

二胡 èrhú (명) 두 줄 현악기인 해금 모양의 이호

扬琴 yángqín (명) 민속악기 양금

琵琶 pípá (명) 민속악기 비파

乐器 yuèqì (명) 악기

演奏 yǎnzòu (명)(동) 연주, 연주하다

童安格 tóng āngé (명) 타이완 가수 퉁안거

唱 chàng (동) 노래하다. 가수는 歌手, 歌唱家, 歌星

'忘不了' wàngbuliǎo (명) 노래명 '왕부랴오(잊을 수 없어)'

第一句 dìyījù 첫 구절

为何 wèihé (부) 왜, 무엇 때문에

一转眼 yīzhuǎnyǎn (명) 눈 깜짝할 사이

时光 shíguāng (명) 시간, 때

飞逝 fēishì (동) 쏜살같이 지나가다

感激 gǎnjī (동) 감격하다. 유사어는 感动, 激动, 兴奋xīngfèn

终生 zhōngshēng (명) 한평생

难忘 nánwàng (동) 잊기 어렵다, 잊을 수 없다

下次 xiàcì (명) 다음번

西藏 xīzàng (명) 시짱자치구, 티베트

海南 hǎinán (명) 중국 최 남부에 위치한 성인 하이난성

新藏 xīnzàng (명) 신장위구르자치구

少数民族 shǎoshùmínzú (명) 소수민족

聚居地 jùjūdì (명) 마을, 거주지

敬 jìng (동) 존경하다

为了 wèile (개) ~을 위하여

友谊 yǒuyì (명) 우정, 우의

干杯 gānbēi (동) 건배하다

再次 zàicì (부) 재차, 거듭

特地 tèdì (부) 특별히, 일부러

礼物 lǐwù (명) 선물

高度 gāodù (형) 정도가 매우 높다, 도수가 높은

茅台酒 máotáijiǔ (명) 구이저우 마오타이전의 마오타이주

玉石 yùshí (명) 옥석, 옥돌

图章 túzhāng (명) 도장

其实 qíshí (부) 기실, 사실

生日 shēngrì (명) 생일

日子 rìzi (명) 시간, 날, 생활, 생계

愉快 yúkuài (형) 유쾌하다

歌儿 gēr (명) 노래

伴唱机 bànchàngjī (명) 노래반주기

首 shǒu (양) 수

'偶然' ǒurán (명) 노래이름 '어우란(우연히)'

并肩 bìngjiān (동) 어깨를 나란히 하다

麦克风 màikèfēng (명) 외래어 마이크。동의어는 话筒tǒng

递给 dì gěi (동) 건네주다

蔡琴 càiqín (명) 타이완 가수 차이친

'读你' dúnǐ (명) 노래이름 '두니(너를 부른다)'
厌倦 yànjuàn (동) 싫증나다

주석 및 요점

1. 欣赏

欣赏은 음악이나 영화 등을 즐겁게 감상한다는 뜻도 있고, "我很欣赏他的个性。"처럼 사람이나 사물을 좋아하거나 좋게 여긴다는 뜻도 있다.

2. 难忘, 好吃, 容易做, 好不容易

难은 형용사로서 어렵다, 힘들다, 곤란하다는 뜻이지만, 동사 앞에 놓여 "～하기 어렵다", "～하기 힘들다"는 뜻으로 쓰이기도 한다. "难吃(맛이 없다)", "难办(처리하기 어렵다)", "难看(보기 싫다)", "难听(듣기 거북하다)" 등을 예로 들 수 있다.

이와 반대로 难을 好로 바꾸면 "～하기 좋다", "～하기 쉽다"라는 의미로 바뀐다. "好吃(맛있다, 먹기 좋다)". "好办(처리하기 좋다, 처리하기 쉽다)", "好看(보기 좋다)", "好听(듣기 좋다)", "好解决(해결하기 쉽다)" 등을 예로 들 수 있다.

유사한 구조로 "～하기 쉽다"를 위미하는 '容易+동사' 구조가 있다. 형용사 容易는 일반적으로 "쉽다", "용이하다"를 뜻하지만 뒤에 동사를 수반하는 容易는 "～하기 쉽다"로 해석되며 가능성이 많음을 나타낸다.

说起来容易, 做起来难。 말하기는 쉽지만, 행하기는 어렵다.
我容易生病。 나는 병에 잘 걸린다.

유의할 점은 容易가 들어간 好容易, 好不容易는 똑같이 '가까스로'를 의미한다.

好(不)容易找到了学校。 가까스로 학교를 찾아냈다.

다음 단어를 사용하여 중국어로 문장을 만들어보세요.

这件事, 做, 他弟弟

이 일은 하기 쉽다.____________________________________

나는 가까스로 그의 동생을 찾아냈다.____________________

3. 特地와 顺便

特地는 "일부러 시간을 내어"라는 의미로 쓰인다. 이와 반대로 "~하는 김에"를 뜻하는 단어로는 顺便이 있다.

他特地从外地来找您。 그는 일부러 외지에서 당신을 찾아왔다.
路过时顺便来的。 지나는 길에 왔다.

顺이 들어간 단어로는 이밖에 "顺口(말한 김에)", "顺路(가는 김에)" 등이 있다.

5. 今天과 시간사

今天처럼 시간을 나타내는 명사를 시간명사라고 칭한다. 아울러 七点과 같이 시간을 나타내는 수량사와 함께 시간사의 범주로 넣을 수 있다.

시간사가 부사어로 쓰일 때는 주어 앞 또는 주어와 술어 사이에 놓인다. 시간사가 둘 이상일 때는 긴 시간을 나타내는 단어가 앞에 놓이며, 장소명사 등 처소사와 함께 쓰일 때는 시간사가 앞에 놓인다.

昨天晚上七点钟我在电影院看电影了。

어제 저녁 7시에 나는 영화관에서 영화를 보았습니다.

시간사로 사용되는 단어들의 예를 들면 다음과 같다.

一月	1월	二月	2월
三月	3월	四月	4월
五月	5월	六月	6월
七月	7월	八月	8월
九月	9월	十月	10월
十一月	11월	十二月	12월
这个月	이번 달	下个月	다음 달
下下个月	다다음 달	上个月	지난 달
上上个月	지지난 달		

今年	금년	明年	내년
后年	내후년	大后年	후후년
去年	작년	前年	재작년
大前年	재재작년		

一号	1일	二号	2일
三号	3일	十号	10일
三十号	30일	今天	오늘
明天	내일	后天	모레
大后天	글피	昨天	어제
前天	그제	大前天	그 그저께

早上	아침	早晨	아침
上午	오전	中午	정오
下午	오후	晚上	저녁
夜间	야간	夜晚	밤
半夜	한밤중	黎明	새벽

시간을 읽는 방법은 우선 시는 点으로, 분은 分으로, 초는 秒miǎo로 읽는다. 分이 마지막에 올 때는 생략이 가능하다. 15분은 一刻, 30분은 半, 45분은 三刻로도 표기하며, '몇 분전'을 의미하는 差도 자주 쓰인다. 差가 쓰일 경우는 시간이 한 시간 더해진다. 예를 들면 다음과 같다.

10:00 十点(钟)

10:05 十点(零)五(分)

10:15 十点十五(分), 十点一刻

10:30 十点三十(分), 十点半

10:45 十点四十五(分), 十点三刻, 差十五分十一点,
差一刻十一点

10:54:35 十点五十四分三十五秒

알아두기

• 하이난성

중국 광둥성 남쪽의 최남단 섬인 하이난다오는 1988년 성으로 승격되었다. 총면적이 약 34,000㎢에 이르는 중국 제일의 섬으로, 인구는 약 650만 명에 이른다.

하이난성은 아열대 기후라 습도가 높고 날씨가 덥지만 풍관이 아름답고, 야자와 파인애플, 바나나 등의 열대과일이 많이 생산되며, 여족(黎lí族) 등 소수민족의 문화도 많이 남아있는데, 여족은 베트남에까지 퍼져있는 백월족이었다고 한다. 여족 외에 묘족, 회족, 장족(壮族), 그리고 푸젠과 광둥에서 내려온 사람들이 많이 거주하고 있다. 하이난 방언(海南话)은 광둥어와 비슷하지만, "니하오마?"를 "루호마?"라고 하는 등 또 다른 계통의 방언으로 분류된다.

하이난성의 라오제(老街)는 예전에 화교들이 거주하던 곳으로서 남미나 유럽에서 돌아온 화교들의 영향을 받아 서구식 건축물들이 눈에 많이 띈다. 이국적 건물들이 아열대 섬의 자연풍광과 어우러져 마치 제주도와 홍콩, 타이완, 그리고 하와이를 합쳐놓은 듯한 오묘

한 분위기를 느낄 수 있다.

대륙에서 이곳으로 가려면 항공편과 배편, 그리고 배를 이용한 기차편이 있다. 성도는 하이커우(海口)이고 여기에서 고속철을 타고 서남쪽으로 2시간가량 가면 싼야(三亚)라는 해변도시가 나온다. 이동하는 동안 하이난성이 아열대와 열대가 공존하는 곳임을 체험할 수 있다.

싼야는 하이난성 최남단에 위치한 열대도시로서, 인구는 37만 명이고 면적은 1,877㎢이며 바다를 둘러싸인 현대화된 도시이다. 전형적인 열대해양성기후를 나타내고 있으며 중국 유일의 국제적인 피한지로 손꼽힌다. 전형적인 열대풍경이 가장 큰 볼거리로 수심 9m까지 눈으로 확인할 수 있다는 야룽완(牙龙湾), 다둥하이해수욕장(大东海海浴场) 등이 있다. 야룽완은 특히 중국이 자랑하는 최고의 해수욕장으로서 국가에서 관리하는 까닭에 항상 맑고 아름답다.

이밖에 소수민족 민속촌의 민속공연과 전통생활모습도 둘러볼 만하다. 싼야천고정(三亚千古情) 공연 중 관람석이 양쪽으로 분리되어 움직이고 천장에서는 수영복 입은 여성들이 수영하는 모습을 통해 해상실크로드의 역사를 보여주는 등 독특하고 인상적인 공연이 펼쳐진다. 싼야의 야경은 녹회두(鹿回头) 언덕에서 보는 방법과 배를 타고 보는 방법이 있는데, 무척이나 아름답다.

하이커우의 치러우음식거리(骑楼小吃街)에 가면 하이난의 요리를 맛볼 수 있다. 하이난의 토속 요리로는 원창지(文昌鸡), 둥산지(东山鸡) 라는 닭 요리, 하이난 장야(酱鸭), 자지야(炸鸡鸭), 셴수이야(咸水鸭) 라는 오리 요리, 그리고 새우, 게 요리, 산양 요리, 파파야 속 오골계탕, 돼지귀(猪耳朵), 펀탕(粉汤), 영양죽, 발효달걀죽(皮蛋粥), 쌀국수(米粉) 등 다양하다. 흥미로운 점은 이곳의 KFC나 피자헛에서는 현지화 전략을 구사하여 죽이나 더우장, 볶음밥, 발효달걀두부(皮蛋豆腐) 등 중국음식을 함께 판매하고 있다.

• 중국의 대중문화예술

중국 민속음악은 민족음악이라고 부른다. 민속악기로는 두 개의 줄을 켜는 이호(二胡), 비파, 양금, 생황, 고쟁 등이 있다. 우리의 민속악기와 유사하면서도 독특한 소리가 나며 대부분 서역에서 전래되어 온 악기들이다.

한편 대중가요도 중국인의 사랑을 받고 있는데, 그중에서도 영화와 연속극의 주제곡으로 우리에게 익히 알려진 '첨밀밀(甜密密)'과 '월량대표아적심(月亮代表我的心)' 등이 특히 애창되고 있다. '첨밀밀'은 인도네시아 민요에 가사를 붙여 만든 곡으로서 타이완 출신의 가요 여왕으로 80년대에 인기를 한 몸에 모았던 덩리쥔(邓丽君)이 불러 히트한 곡이다. 가사를 소개하면 다음과 같다.

甜密密 你笑得甜密密 달콤하게, 당신은 달콤하게 웃는군요.
텐미미 니샤오더 텐미미

好像花儿开在春风里开在春风里 봄바람에 꽃 피듯, 봄바람에 꽃 피듯.
하오샹 화얼 카이짜이 춘펑리 카이짜이 춘펑리

在哪里 在哪里见过你 어디선가, 어디선가 당신을 본 적 있어요.
짜이나리 짜이나리 젠궈 니

你的笑容这样熟悉 당신의 웃는 모습 이다지도 낯익은가요.
니더샤오룽 저양 서우시

我一时想不起 잠시 생각이 나지 않네요.
워 이스 샹부치

啊 在梦里 아! 꿈에서
아 짜이멍리

梦里梦里见过你 꿈에서 당신을 본 적 있어요.
멍리 멍리 젠궈 니

甜蜜笑得多甜蜜 달콤하게, 얼마나 달콤하게 웃는지.
텐미 샤오더 둬텐미

是你是你梦见的就是你 당신, 당신, 꿈에 본 사람이 바로 당신이군요.
스니 스니 멍젠더 주스 니

在哪里 在哪里见过你 어디선가, 어디선가 당신을 본 적 있어요.
짜이나리 짜이나리 젠궈 니

你的笑容这样熟悉 당신의 웃는 모습 이다지도 낯익은가요.
니더 샤오룽 저양 서우시

我一时想不起 잠시 생각이 나지 않네요.
워 이스 샹부치

啊 在梦里 아! 꿈에서
아 짜이멍리

다음으로 중국의 서예와 왕희지(王羲之)에 대해 소개해보자. 중국에서 서법이라고 부르는 서예는 중국의 글자체가 은 갑골문, 주 금문, 진 전문, 한 예서, 그리고 해서, 행서, 초서로 이어지면서 발전해왔다. 그동안 수많은 서예가들이 배출되었는데, 그중 가장 뛰어난 인물로 역시 서성(书圣) 왕희지를 꼽을 수 있다. 산둥 임기 출신인 그는 진(晋) 시기에 해서와 행서 및 초서 서체를 완성하였는데, 행서로 쓴 《난정집서》는 불후의 명작으로 평가받고 있다. 만년에는 은일 생활을 하며 유유자적한 생활을 보냈다고 한다. 그의 서체는 전아하고 기백이 있으며, 귀족적 기품이 높다고 평한다. 특히 중화의 미, 변화와 통일, 공간감각, 이성과 감성의 조화를 그의 서체의 특징이라고 말할 수 있다.

왕희지는 거위를 가장 좋아했다고 한다. 거위가 수영하는 모습을 보고 붓을 놀리는 방법을 터득했기 때문이다. 즉 엄지는 거위의 머리, 검지와 중지는 거위의 두 날개, 무명지와 새끼손가락은 거위의 두 다리로서 붓에 들어가는 힘과 쓰는 방법을 거위의 신체부위가 수영하면서 나타내는 힘과 동작을 연계시켜 풀어나갔던 것이다.

왕희지 가족에 관한 일화도 전해지고 있다. 왕희지가 출장을 가면서 아들에게 글씨 숙제를 내주고 길을 떠난다. 돌아와 그 솜씨가 어떤지 부인의 평을 물어보니, 부인은 아들의 서예 실력이 아직 보잘것 없는데 다만 한 점만 남편의 글씨를 닮았다[唯有一点像羲之]고 말했다고 한다. 사실 그 점은 왕희지가 출장 떠나기 전 자신이 아들의 글씨에 써넣은 점이었던 것이다. 중국 최고의 서예가 4명의 장점이 합쳐져야 비로소 왕희지체가 될 수 있다는 정도로 유명한 왕희지의 부인 역시 서예에 대한 안목이 상당했음을 말해주는 고사이다.

서예에 관심 있는 사람이나 서예가들이 꼭 들려야 할 곳으로 시안에 있는 비림(碑林)이라는 곳이 있다. 이곳에는 역대 명필가들의 글씨가 비석에 새겨져 있어서 서예 연구의 필수코스가 되고 있다. 그리고 서예를 처음 배우는 일반인들은 중국의 서예가 안진경의 서체를 기본 서체로서 학습한다.

• 중국의 술과 문화

중국은 지역마다 특산 도속주가 생산되기 때문에 그 종류도 다양하다. 예를 들면 베이징의 홍성이과두주(红星二锅头酒), 산둥성 취푸의 공부가주(孔府家酒)와 공부연주(孔府宴酒), 지난의 박돌천주(趵突泉酒), 장쑤성의 양하대국(洋河大曲), 마오타이주로 잘 알려진 구이저우성 모태주(茅台酒), 산시성과 타이완의 죽엽청주(竹叶清酒), 산시성 분양현 행화촌의 분주(汾酒), 사오싱의 황주인 소흥주(绍兴酒)와 여아홍(女儿红), 우량예로 잘 알려진 쓰촨성의 오량액(五粮液)과 랑주(郎酒), 청두의 전흥대국(全兴大曲), 타이완 금문도의 금문대국(金门大曲), 광저우의 오가피주(五加皮酒) 등 그 수는 헤아릴 수 없을 정도로 많다.

중국술은 크게 백주(白酒)와 황주(黄酒), 그리고 노주(露酒)로 나뉜다. 백색 투명한 색깔의 백주는 수수, 옥수수, 밀, 벼 등 곡물을 발효시켜 다시 증류한 술로서 도수가 상당히 높은 편이다. 우리가 '빼갈(白干儿)'이라고 부르는 고량주는 색이 희다고 하여 백주(白酒)로 통칭한다. 이과두주, 공부가주, 양하대국, 분주, 모태주 등이 이에 속한다. 고량주(高粱酒)는 중국의 대표적이면서 대중적인 400년 역사를 지닌 전통술이다. 지하에서 추출한 맑은 약수와 양질의 고량(高粱) 즉 수수를 주원료로 빚어 만드는데 술의 당도, 순도, 개운함, 향기에 있어서 독특한 맛을 추구한다. 고량주는 같은 제품이라도 개개인의 주량과 취향에 맞춰 일반적으로 40도짜리가 주로 생산되고 있고, 이 밖에도 낮은 도수로는 28도, 좀 높은 도수로는 56도와 62도짜리도 있다. 독한 만큼 순도도 높기 때문에 취기가 금방 가시는 개운함도 갖고 있다.

황주는 우리의 막걸리처럼 발효시킨 술로서 그다지 독하지 않으며, 노주는 술에 약재를 넣어 함께 증류시켰기 때문에 향이 독특하다. 죽엽청주와 오가피주가 이에 속한다.

그중 모태주 즉 마오타이주는 1970년대 미중 간 핑퐁외교로 화해무드를 조성할 무렵 닉슨 미국대통령이 방중하면서 중국 지도자와 함께 마신 술로 유명하며, 현재 오량액, 수정방(水晶坊), 주귀(酒鬼)와 함께 중국 최고의 술로 각광받고 있다.

대륙에서는 고량주와 함께 소흥주도 많이 마시는데 절강성 사오싱에서 빚은 술로서 그 역사가 아주 오래되었다. 적황색을 띠고 있으며 15도 정도로 우리의 청주와 비슷하며 세계 술 품평대회에서 상을 받기도 한 명주이다. 대륙과 타이완 모두 이 소흥주를 선호하는 편이다. 다만 처음 이 술을 대하는 사람들은 간장 색깔과 냄새에 한약이 섞인 듯한 독특한 냄새가 나서 친해지기 쉽지 않은 술이다. 소흥주 중에 여아홍(女儿红)이라는 술이 있다. 이 술은 이곳 사람들이 딸을 낳으면 바로 이 술을 담아 마당에 묻어 놓았다가 딸이 장성하여 시집갈 때 이 술을 꺼내어 잔치를 벌인다는 이야기가 있을 정도로 소흥사람들의 일상과 뗄 수 없는 밀접한 술이다.

그리고 죽엽청주는 40도 가량의 술로서 소흥주에 대나무 잎을 넣고 빚은 술이라 색이 노랗고 독특한 향기가 은은하게 난다. 마신 후에는 입안에 단 맛이 한참동안 돌며 가격도 적당하여 많은 사람들이 즐겨 마신다.

이밖에 중국의 맥주 역시 지역에 따라 다양한 제품이 출시되고 있다. 칭다오의 칭다오맥주, 베이징의 옌징맥주, 하얼빈의 하얼빈맥주 등은 전국적인 술로 잘 알려져 있고 쉽게 구할 수 있지만, 기타 지역 맥주들은 그 지역에 가지 않고는 접하기 힘들다. 예를 들면 산둥 웨이하이의 라오반(老板, Boss), 지난의 중더(中德)와 크리처, 청두의 진마이야(金麦mài芽yá), 란저우의 쉐화(雪花), 다롄의 다롄간피(大连干啤), 후베이성의 체로(Chero), 산시성의 시베이랑(西北狼), 내몽골의 싸이베이펑(塞北风)과 쉐루(雪鹿), 카이펑의 캉리(康力), 안후이성 황산의 윈하이(云海), 구이저우성의 마오타이(茅台), 윈난성의 다리(Dali)와 펑화쉐웨(风花雪月) 등 다양한 맥주들이 출시되어 있다.

제14과
在机场办出境手续 · 공항에서의 출국 수속

상하이 푸둥공항(浦东机场)에서
출국을 위한 수속을 밟는다.

吉童：我要办登机手续。这是护照和机票。

wǒ yào bàn dēngjī shǒuxù. zhè shì hùzhào hé jīpiào.
워 야오 반 덩지 서우쉬. 저 스 후자오 허 지퍄오.

公司职员：有几个托运行李?

yǒu jǐ ge tuoyùn xíngli?
여우 지 거 퉈윈 싱리?

吉童：只有一个。

zhǐyǒu yī ge.
즈여우 이 거.

公司职员：放在这儿。不超重。这是你的登机卡。

fàng zài zhèr. bù chāozhòng. zhè shì nǐde dēngjīkǎ.
팡 짜이 저얼. 부 차오중. 저 스 니더 덩지카.

吉童：出境门口在哪儿?

chūjìng ménkǒu zài nǎr?
추징 먼커우 짜이 나얼?

公司职员：请上二层。你要买机场使用券。

qǐng shàng èr céng. nǐ yào mǎi jīchǎng shǐyòngquàn.
칭 상 얼 청. 니 야오 마이 지창 스융취엔.

(공항이용권을 산 후 2층 출국장으로 들어가서)

机场职员1：手提箱里有什么物品?

shǒutíxiāngli yǒu shénme wùpǐn?
서우티샹리 여우 선머 우핀?

吉童：有些衣服和书。

yǒuxiē yīfu hé shū.
여우셰 이푸 허 수.

机场职员1：请打开看一下。好了，没问题。

qǐng dǎkāi kàn yīxià. hǎo le, méiwèntí.
칭 다카이 칸 이샤. 하오 러, 메이원티.

(출국 심사를 받으며)

吉童：这是我的护照以及出境申报卡。

zhè shì wǒde hùzhào yǐjí chūjìng shēnbàokǎ.
저 스 워더 후자오 이지 추징 선바오카.

机场职员2：现在去仁川机场吗?

xiànzài qù rénchuān jīchǎng ma?
셴짜이 취 런촨 지창 마?

吉童：是。

shì.
스.

(출국 심사가 끝나고 난 후 면세점을 구경하는데, 방송이 나온다.)

机场广播：搭乘CA一四三航班飞往首尔的乘客们，请到十五号登机口办手续。

dāchéng CA yī sì sān hángbān fēiwǎng shǒuěrde chéngkèmen, qǐng dào shí wǔ hào dēngjīkǒu bàn shǒuxù.
다청 CA 이 쓰 싼 항반 페이왕 서우얼더 청커먼, 칭 다오 스 우 하오 덩지커우 반 서우쉬.

吉童: 再见，中国!

zàijiàn, zhōngguó!
짜이젠 중궈!

해석

길동 탑승 수속을 하려는데요. 여기 여권하고 비행기 표입니다.

항공사 직원 짐은 몇 개죠?

길동 한 개뿐인데요.

항공사 직원 여기 올려놓으세요. 중량이 초과되지 않았네요. 탑승 카드입니다.

길동 출국 출입문이 어디죠?

항공사 직원 이층으로 올라가세요. 공항이용권을 사셔야 합니다.

(공항이용권을 산 후 이층 출국장으로 들어가서)

공항 직원1 손가방에 무슨 물품이 들어있나요?

길동 옷하고 책인데요.

공항 직원1 한번 열어 보시죠. 됐어요, 문제없네요.

(출국 심사를 받으며)

길동 제 여권하고 출국 신고카드입니다.

공항 직원2 지금 인천공항으로 가는 길입니까?

길동 네.

(출국 심사가 끝나고 난 후 면세점을 구경하는데, 방송이 나온다.)

공항 안내방송 CA143편으로 서울로 가시는 승객 여러분은 지금 15번 탑승구로 가셔서 탑승 수속하시기 바랍니다.

길동 안녕, 중국이여!

주요 단어

出境 chu jìng (명)(동) 출국, 출국하다

手续 shǒuxù (명) 수속

机场 jīchǎng (명) 공항

登机 dēngjī (동) 탑승하다

机票 jīpiào (명) 비행기 표, 항공권

托运 tuōyùn (동) 탁송하다. 운송을 위탁하다

行李 xíngli (명) 짐

只有 zhǐyǒu (접) 단지
超重 chāozhòng (동) 중량이 초과되다
登机卡 dēngjīkǎ (명) 탑승권, 탑승카드
出境门口 chūjìng ménkǒu (명) 출국 출입문
机场使用券 jīchǎng shǐyòngquàn (명) 공항이용권
手提箱 shǒutíxiāng (명) (여행용) 손가방, 트렁크
物品 wùpǐn (명) 물품
有些 yǒuxiē (동)(대)(부) 조금 있다, 일부, 조금, 약간
衣服 yīfu (명) 옷
打开 dǎkāi (동) 열다
问题 wèntí (명) 문제
出境申报卡 chūjìng shēnbàokǎ (명) 출국 신고카드
仁川 rénchuān (명) 인천. 김포공항은 金浦机场
搭乘 dāchéng (명)(동) 탑승, 탑승하다
航班 hángbān (명) 항공편
飞往 fēiwǎng (동) 비행기를 타고 ~로 가다
乘客们 chéngkemen (명) 승객들
登机口 dēngjīkǒu (명) 탑승구

주석과 요점

1. 푸둥공항(浦东机场)과 중국 공항

중국의 공항은 지역이나 도시마다 그 특색을 가진 고유 명칭이 있다. 대표적인 지역 공항을 소개하면 다음과 같다.

上海虹桥机场 shanghǎi hóngqiáo 상하이 훙차오공항
上海浦东机场 shanghǎi pǔdōng 상하이 푸둥공항
南京禄口机场 nanjīng lukǒu 난징 루커우공항
杭州萧山机场 hangzhōu xiāoshān 항저우 샤오산공항
青岛流亭机场 qīngdǎo liuting 칭다오 류팅공항
厦门高崎机场 xiamen gāoqi 샤먼 가오치공항
南昌昌北机场 nanchāng chāngběi 난창 창베이공항
九江庐山机场 jiǔjiāng lushān 주장 루산공항
合肥新桥机场 hefei xīnqiao 허페이 신차오공항
黄山屯溪机场 huangshān tunxī 황산 툰시공항
北京首都机场 běijīng shǒudū 베이징 서우두공항
天津滨海机场 tiānjīn bīnhǎi 톈진 빈하이공항
太原武宿机场 taiyuan wǔsu 타이위엔 우쑤공항
石家庄正定机场 shijiāzhuāng zhengding 스자좡 정딩공항
呼和浩特白塔机场 hūhehaote baitǎ 후허하오터 바이타공항
沈阳桃仙机场 shěnyang taoxiān 선양 타오셴공항
长春龙嘉机场 changchūn longjiā 창춘 룽자공항
哈尔滨太平机场 hāěrbīn taiping 하얼빈 타이핑공항
西安咸阳机场 xī'ān xianyang 시안 셴양공항
兰州中川机场 lanzhōu zhōngchuān 란저우 중촨공항
西宁曹家堡机场 xīning caojiāpu 시닝 차오자푸공항
银川河东机场 yinchuānhedōng 인촨 허둥공항
乌鲁木齐地窝堡机场 wūlǔmuqi diwōpu 우루무치 디워푸공항
广州白云机场 guǎngzhōu baiyun 광저우 바이윈공항
深圳宝安机场 shēnzhen bǎoān 선전 바오안공항
珠海金湾机场 zhūhǎi jīnwān 주하이 진완공항

南宁吴圩机场 nanning wuwei 난닝 우웨이공항
桂林两江机场 guilin liǎngjiāng 구이린 량장공항
海口美兰机场 hǎikǒu měilan 하이커우 메이란공항
武汉天河机场 wǔhan tiānhe 우한 톈허공항
长沙黄花机场 changshā huanghuā 창사 황화공항
张家界荷花机场 zhāngjiājie hehuā 장자제 허화공항
郑州新郑机场 zhengzhōu xīnzheng 정저우 신정공항
重庆江北机场 chongqing jiāngběi 충칭 장베이공항
成都双流机场 chengdū shuāngliu 청두 솽류공항
九寨沟黄龙机场 jiǔzhaigōu huanglong 주자이거우 황룽공항
昆明长水机场 kūnming changshuǐ 쿤밍 창수이공항
丽江三义机场 lijiāng sānyi 리장 산이공항
贵阳龙洞堡机场 guiyang longdongpu 구이양 룽둥푸공항
拉萨贡嘎机场 lāsa gonggǎ 라싸 궁가공항
香港国际机场 xiānggǎng guoji jīchǎng 홍콩 국제공항
澳门国际机场 aomen guoji jīchǎng 마카오 국제공항

2. 托运行李

托运은 짐이나 가방을 화물운송 편으로 보내는 경우에 쓰이고, 手提, 携xié带, 随身은 가방을 항공기 기내까지 들고 가는 경우에 사용된다. 그리고 기내에서 사용되는 표현을 소개하면 다음과 같다.

请扣kòu(系)好安全带。 안전벨트를 매주세요.
坐下后扣好安全带。 자리에 앉으신 후 안전벨트를 매십시오.

救生衣在您的座位下。구명조끼는 여러분의 좌석 아래에 있습니다.
预祝你们空中旅游愉快。즐거운 항공 여행이 되시기를 기원합니다.
清洁袋 위생용 봉지
消毒湿巾 살균수건

3. 접속사 只有와 只要

접속사 只有와 只要 모두 조건 관계를 나타내는 기능을 하는데, 전자는 "오직 ~해야만"의 의미가 있고, 후자는 "단지 ~하기만 하면"의 의미가 있다. 즉 전자는 필요조건, 후자는 충분조건을 나타낸다.

只有下雪，我才不去。오직 눈이 내려야만 내가 비로소 가지 않는다.
只要下雨，我就不去。비가 내리기만 하면, 나는 가지 않는다.

4. 请

请은 일반적으로 상대가 어떤 일을 하기를 바라면서 "~하세요"를 의미하는 경어로 쓰인다. 다음으로는 "청하다", "부탁하다"의 의미로도 쓰인다. 세 번째로는 "초빙하다", "초청하다"의 의미로도 쓰인다. 네 번째로는 안부를 물을 때 사용하기도 한다. 그리고 청하거나 요청하는 의미일 때는 종종 겸어구문인 경우가 있다.

请喝杯铁观音。철관음 한잔 드세요.

请谅解。이해를 청합니다.
请家教。가정교사를 초빙합니다.
请问安好。문안인사를 올립니다.
我请他来家里吃一顿饭。
나는 그에게 집에 와서 밥 한 끼 먹자고 청했습니다.

5. 再

부사 再는 "다시", "재차", "한 번 더"를 의미하며 미래에 반복됨을 표현하거나 청유문에 쓰이는 동시에, "~하고 나서"의 의미로 쓰여 절과 절을 연결하는 기능을 하기도 한다.

明天再来吧。내일 또 오세요.
我想再看一遍。나는 다시 한 번 더 보고 싶다.
我先吃晚饭，再去图书馆看书。
나는 먼저 저녁을 먹고 나서, 도서관에 가서 공부를 할 거예요.

알아두기

- **광시(广西) 구이린(桂林)**

광시장족자치구에는 중국 소수민족 중 인구가 가장 많은 장족(壮族)(1,500만 명)의 자치구이다. 장족 외에 동족과 요족도 많이 거주하고 있다. 광시의 성회인 난닝(南宁)에서 가까운 곳에 있는 구이린은 아름다운 경치로 많은 관광객들이 모여든다. 독수봉 아래 석각 글에서 인용하면서 전파된 말인 "구이린의 산수가 천하제일이다(桂林山水甲天下)"라는 표현처럼 리장(漓江)의 물길을 따라 솟아오른 수많은 봉우리들로 장관을 이룬다. 예전 명나라 시기인 1636년에 당시 52세였던 서하객이라는 인물이 방문하여 화산이 폭발하여 만들어진 카르스트 지형을 《서하객유기》라는 자신의 기행 책에서 자세히 묘사할 정도로 아름다운 곳이다.

이곳 리장 하류에는 상산공원(象山公园)이 있다. 코끼리 모양을 닮아서 상비산(象鼻山)이라고 명명한 산인데, 산과 물만이 계속 눈앞에 펼쳐진다. 중국 소수민족의 전통의상을 빌려 입고 사진을 찍을 수도 있고 물고기를 잡는 가마우치와 함께 사진을 찍을 수도 있다. 이 외에 촨산공원(穿山公园)과 치싱공원(七星公园) 등 아름다운 공원들도 많다.

리장을 따라 배를 타고 양쒀(阳嗍)로 올라가다보면 중국지폐 20위안짜리에 나오는 그림 그 모습의 자연경관을 목도할 수 있다. 해저2,000m에서 서서히 오랜 시간에 걸쳐 융기한 언덕과 봉우리와 산들이 하나하나 모두 다 장관이다. 그리고 양쒀의 시제(西街)는 중국과 서양의 요소들이 조화를 이루어 만들어낸 거리로서 상점과 식당, 그리고 아름다운 건축물들이 관광객의 마음을 사로잡는다.

양쒀에서는 대용수라는 나무들과 용수동굴이 독특한 모습을 뽐내고 있고, 야간에 이루어지는 장이머우 감독의 수상공연 류싼제(刘三姐)는 과거에 소수민족과 탐관오리 및 토호세력과의 싸움을 다룬 장엄하면서도 슬픈 전설을 형상화한 작품으로 야간에 강물 위에서 펼쳐지는 조명 쇼가 특히 인상적이다.

구이린의 특색 있는 음식으로는 계화어(桂花鱼), 석암어(石岩鱼), 계화차(桂花茶), 삼화주(三花酒), 수어(水鱼) 등이 있는데, 특히 수어는 상어와 오골계의 맛이 섞인 듯한 독특한 맛이 난다.

20위안 지폐 속 구이린

구이린 리장

• **중국어의 문장부호 표기**

문장부호(标点符号)는 표기부호와 점부호로 나뉘며, 표기부호는 어휘의 성질이나 작용을 표기하는 괄호·줄표 등이고, 점부호는 말의 휴지나 어기를 나타내는 마침표·쉼표·물음표·느낌표 등이다.

마침표(句号)(。)는 한글과 같이 평서문 말미에 쓰인다. 한글의 마침표는 온점인데 반해 중국어의 마침표는 고리점임을 유의해야 한다.

반점 쉼표(逗号)(,)는 문장 안에서 짧은 휴지를 나타낸다. 단문 내에서의 휴지나 복문 내에서 절 사이의 휴지를 나태내기도 한다. 모점 쉼표(顿号)(、)는 문장 안에서 병렬 어휘 사이의 휴지를 나타낸다. 즉 병렬된 단어나 구를 갈라 구분하는 데 쓰인다.

머무름표(分号)(;) 즉 세미콜론은 복문 내부의 병렬된 절 사이의 휴지를 나타낸다. 주로 병렬절을 갈라 구분하는 데 쓰인다. 쌍점(冒号)(:) 즉 콜론은 제시적 성격의 구절 뒤에서 휴지를 나타내며, 다음 문장을 끌어내는 데 쓰인다.

물음표(问号)(?)와 느낌표(叹号)(!)는 한글의 표기와 동일하게 의문문의 말미 또는 감탄문 말미에 놓인다.

따옴표(引号)(""),('')는 문장 가운데 직접 인용하는 말을 나타낸다. 따옴표는 강조, 부정, 풍자 등의 의미를 나타낼 때 쓰인다.

줄임표(省略号)(……)는 문장에서 생략된 말을 표시한다.

책이름표(书名号)(《》, 〈〉)는 책이나 글 제목, 신문, 잡지의 명칭 등을 표시한다.

줄표(破折号)(—)는 문장 중에서 해설이나 설명의 어구를 표시한다.

괄호(括号)(( ))는 문장 중에서 주석적 성격의 말을 표시한다. 성질상 구내괄호(句内括号)와 구외괄호(句外括号)가 있다.

가운뎃점(间隔号)(·)은 달과 날짜 사이의 구분을 표시하며, 외국인 또는 어떤 소수민족의 인명 내부의 구분을 표시한다. 가운뎃점은 또 책제목과 편(혹은 장, 권)이름 사이의 구분을 표시할 수 있다. 한글의 가운뎃점은 열거되는 같은 계열의 단어를 나타내는 용법으로도 사용되나, 중국어에서는 그런 용법은 없다.

붙임표(连接号)(-)는 시간·지점·숫자 등의 시작과 끝을 나타내는 데 쓰인다. 붙임표의 작용은 연결된 어휘를 하나로 묶어주는 것이다.

홀이름표(专名号)(__)는 인명·지명·왕조명 등을 표시한다.

제15과

网上聊天 · 통신망 대화

귀국 후 중국 친구 장명으로부터 받은
우룽차(乌龙茶)를 마시면서, 안부 엽서를 받고
컴퓨터 인터넷을 통해 대화를 나눈다.

吉童：你好! 好久不见了。不知近来过得怎么样!

nǐ hǎo! hǎojiǔ bù jiàn le. bù zhī jìnlái guòde zěnmeyàng!
니 하오! 하오주 부 젠 러. 부 즈 진라이 궈더 쩐머양!

张明：我过得很好。你身体也好吧?

wǒ guòde hěn hǎo. nǐ shēntǐ yě hǎo ba?
워 궈더 헌 하오. 니 선티 예 하오 바?

吉童：很好, 上次你寄给我的明信片我已经收到了。

hěn hǎo, shàngcì nǐ jìgěi wǒde míngxìnpiàn wǒ yǐjīng shōudào le.
헌 하오, 상츠 니 지게이 워더 밍신폔 워 이징 서우다오 러.

张明：我跟我家人时常想念你。

wǒ gēn wǒ jiārén shícháng xiǎngniàn nǐ.
워 건 워 자런 스창 샹녠 니.

吉童：我也是。最近我忙着准备就业，找工作很难。

wǒ yěshì. zuìjìn wǒ mángzhe zhǔnbèi jiùyè, zhǎo gōngzuò hěn nán.
워 예스. 쭈이진 워 망저 준베이 주예, 자오 궁쭤 헌 난.

张明：我相信你能实现你的目标，希望有好的结果。

wǒ xiāngxìn nǐ néng shíxiàn nǐde mùbiāo, xīwàng yǒu hǎode jiéguǒ.
워 샹신 니 넝 스셴 니더 무뱌오, 시왕 여우 하오더 제궈.

吉童：今年夏天你有没有空?

jīnnián xiàtiān nǐ yǒu méiyǒu kòng?
진녠 샤톈 니 여우 메이여우 쿵?

张明：我大约有十天的假期。

wǒ dàyuē yǒu shí tiānde jiàqī.
워 다웨 여우 스 톈더 자치.

吉童：我想请你到韩国来，一块儿去济州岛，雪岳山玩儿。

wǒ xiǎng qǐng nǐ dào hánguó lái, yīkuàir qù jìzhōudǎo, xuěyuèshān wánr.
워 샹 칭 니 다오 한궈 라이, 이콰얼 취 지저우다오, 쉐웨산 와얼.

张明：太棒了。

tài bàng le.
타이 방 러.

吉童：我准备了你喜欢吃的烤肉、泡菜和参鸡汤。

wǒ zhǔnbèilè nǐ xǐhuān chīde kǎoròu、pàocaì hé shēnjītāng.
워 준베이러 니 시환 츠더 카오러우, 파오차이 허 선지탕.

张明：我很想尝尝正宗的韩国菜。

wǒ hěn xiǎng chángchang zhèngzōngde hánguócaì.
워 헌 샹 창창 정쭝더 한궈차이.

吉童 : 我期待着你来韩国。

wǒ qīdàizhe nǐ lái hánguó.
워 치다이저 니 라이 한궈.

张明 : 我也盼望着在韩国能够重逢老朋友。多多保重!

wǒ yě pànwàngzhe zài hánguó nénggòu chóngféng lǎopéngyou. duōduō bǎozhòng!
워 예 판왕저 짜이 한궈 넝거우 충펑 라오펑여우. 둬둬 바오중!

해석

길동 안녕! 오랜만이에요. 요즘 어떻게 지내는지 모르겠군요!

장명 잘 지내고 있어요. 길동도 건강하죠?

길동 네, 지난번 보내준 카드 잘 받았어요.

장명 나와 우리 식구는 늘 길동을 보고 싶어 합니다.

길동 나도 그래요. 요즈음 나는 취업 준비로 바빠요. 취직하기가 쉽지 않거든요.

장명 길동은 목표를 실현할 수 있으리라 믿어요. 좋은 결과 있기를 바랍니다.

길동 올 여름에 시간이 나나요?

장명 대략 한 열흘 정도 휴가가 있어요.

길동 장명을 한국에 초대해서 제주도, 설악산에 함께 놀러가고 싶네요.

장명 너무 좋아요.

길동 장명이 좋아하는 불고기와 김치, 그리고 삼계탕도 준비해 둘게요.

장명 정통 한국요리를 맛보고 싶어요.

길동 한국에 오기를 기대하고 있어요.

장명 나도 한국에서 옛 친구를 다시 만날 수 있기를 바라고 있어요. 몸조심하세요!

주요 단어

网上 wǎngshàng (명) 인터넷, 온라인

聊天 liáotiān (명) 잡담, 채팅. 대화방은 聊天室

好久 hǎojiǔ (형) (시간이) 오래다

近来 jìnlái (명) 근래, 요즘

上次 shàngcì (명) 지난 번

寄给 jìgěi (동) 우편으로 부치다

明信片 míngxìnpiàn (명) 엽서

收到 shōudào (동) 받다, 수령하다

时常 shícháng (부) 늘, 항상

想念 xiǎngniàn (동) 그리워하다, 생각하다. 동의어는 怀huái念，思念

最近 zuìjìn (명) 최근, 요즈음

忙 máng (형) 바쁘다

就业 jiùyè (명) 취업

相信 xiāngxìn (동) 믿다

实现 shíxiàn (동) 실현하다

目标 mùbiāo (명) 목표

结果 jiéguǒ (명) 결과

空 kòng (명) 틈, 짬, 시간
大约 dàyuē (부) 대략, 아마
假期 jiàqī (명) 휴가, 방학기간
一块儿 yīkuàir (부) 함께
济州岛 jìzhōudǎo (명) 제주도
雪岳山 xuěyuèshān (명) 설악산
玩儿 wánr (동) 놀다, 즐기다
棒 bàng (명)(형) 방망이, 좋다
烤肉 kǎoròu (명) 불고기, 구운 고기
泡菜 pàocaì (명) 김치
参鸡汤 shēnjītāng (명) 삼계탕
正宗 zhèngzōng (명)(형) 정종, 정통의
韩国菜 hánguócaì 한국음식
期待 qīdài (동) 기대하다. 동의어는 期盼
盼望 pànwàng (동) 간절히 바라다. 동의어는 渴kě望 祈qí望
重逢 chóngféng (동) 다시 만나다
保重 bǎozhòng (동) 몸조심하다, 건강에 유의하다

주석 및 요점

1. 忙着准备와 연동문

본문에서 "忙着准备"와 같은 구조는 연동구문의 한 유형이다. 연동구문에는 술어1과 술어2가 순차적으로 발생하는 구문, 술어2가

술어1의 목적임을 나타내는 구문, 술어1과 술어2가 상반되는 행위를 나타내는 구문, 술어2가 술어1의 결과를 나타내는 구문, 술어1이 술어2의 수단이나 방식을 나타내는 구문이 있다.

"忙着准备"는 바로 마지막 유형의 구문에 속한다. 술어1(忙)이 술어2(准备)의 수단이나 방식임을 나타내면서 두 술어의 동작이 동시에 이루어지고, 이때 동태조사 着가 술어1의 뒤에 붙는다. 또 다른 예를 들면 다음과 같다.

他们走着吃盒饭。그들은 걸어가면서 도시락을 먹는다.
他们坐着看电视。그들은 앉아서 TV를 본다.

한편 본문 속 准备는 "준비하다"는 뜻이지만, 뒤에 동사를 수반하는 경우 打算과 같이 "~할 작정이다"를 뜻하는 조동사가 된다.

我准备(또는 打算)回家。나는 집에 돌아갈 작정이다.

2. 동사 相信, 期待와 절을 목적어로 수반하는 동사

본문 중 "我相信你能实现你的目标"와 "我期待着你来韩国"에서 동사 相信과 期待는 절의 형식을 목적어로 취하고 있다. 이렇게 절을 목적어로 취하는 동사로는 以为，认为，觉得，忘，等，希望，知道，记得，怕 등이 있다.

我以为你是中国人。나는 당신이 중국인인줄 알았어요.
我认为他是日本人。나는 그가 일본인이라고 생각했어요.

我觉得这种想法不对。나는 이러한 방법이 잘못되었다고 생각합니다.
我忘了今天是星期天。나는 오늘이 일요일인줄 잊어버렸어요.
我等着你回来。나는 당신이 돌아오기를 기다리고 있어요.
我们希望明天会更好。우리는 내일 더 좋아질 거라고 희망합니다.

3. 有의 용법

有자 구문은 일반적으로 소유나 존재를 나타낸다.

我有三个孩子。나는 아이 세 명이 있다. (소유)
电影院前面有很多人。영화관 앞에 많은 사람들이 있다. (존재)

하지만 본문 중 "有好的结果"에서 有는 상황이 발생이나 출현을 나타낸다. 예를 들어 "有进步(향상되다)", "有变化(변화가 생기다)" 등이 이에 속한다. 이밖에도 有자 구문은 어떤 상황이나 수준에 도달함을 나타내기도 한다.

她大约有五十岁。그녀는 대략 50세 정도 되었다.
青岛离威海有一百多公里。
칭다오는 웨이하이에서 백여 킬로 정도 떨어져있다.
他有你那么聪明。그는 당신만큼 그렇게 총명하다.

4. 很想과 정도부사+심리동사

정도부사 很，非常，挺，太，真，比较，更，最，稍微，有

点儿 등은 주로 형용사 술어를 수식한다. 하지만 본문의 "很想"과 같이 조동사 想이나 심리동사 喜欢(좋아하다), 爱(사랑하다), 感谢(감사하다), 佩服(감복하다), 欣赏(감상하다), 希望(희망하다), 愿意(원하다), 讨厌(싫어하다), 害怕(두려워하다) 등의 앞에 놓여 이들을 수식하기도 한다.

我很讨厌他。나는 그를 싫어한다.
他最欣赏这部电影。그는 이 영화를 가장 좋아한다.
他非常喜欢你。그는 당신을 매우 좋아한다.

이밖에 "很有办法", "很有学问", "很有文化"의 예에서 보듯이, 목적어가 추상명사가 오는 有 앞에도 정도부사가 놓여 有수를 수식할 수 있다.

5. 正宗

正宗은 "정종", "정통의"를 의미하며 음식 등을 수식할 때 많이 사용한다. 예를 들면 "正宗川菜"라고 하면 정통 쓰촨요리를 말한다. 正宗과 유사한 의미로 사용하는 단어로는 地道, 地地道道 등이 있다. 그리고 식당에서 가장 잘하는 요리, 특색 있는 요리, 특산요리를 주문하려면, 特色菜, 拿手的菜, 招牌가 무엇이냐고 물으면 된다.

알아두기

• 중국의 차와 문화

녹차를 마시면 정신이 맑아지고 면역력이 강화된다. 씁쓸한 맛 뒤에 찾아오는 달콤한 차 맛은 문자 그대로 고진감래(苦尽甘来)의 인생을 느끼게도 한다. 매력적인 차는 중국에서는 이미 1,500년의 역사를 지니고 있다. 황하 물이 탁해서 생수로 마실 수 없기 때문에 중국에서는 일찍부터 차가 발달했다는 이야기도 있다.

중국차는 수확하는 계절에 따라 춘차(春茶), 하차(夏茶), 추차(秋茶), 동차(冬茶)로 나뉜다. 그중 춘차와 동차의 질이 좋은 편이며, 춘차 중에서도 새순을 따서 만든 찻잎을 최고로 친다. 만드는 과정에 따라서는 청차(清茶) 즉 미발효차, 반발효차, 그리고 숙차(熟茶) 즉 발효차로 나뉜다. 이밖에 꽃이나 꽃향기가 들어간 화차(花茶)와 단단한 덩어리로 뭉쳐놓은 긴압차(紧压茶), 그리고 기능성 차들로 구분하기도 한다.

차의 종류로는 우선 미발효차가 있는데, 항저우가 원산지이며 청명절 직전에 따낸 용정차(龙井茶), 쑤저우 지방의 소라 모양의 벽라춘차(碧螺春茶), 산둥 라오산의 녹차, 황산의 모봉차(毛峰茶)가 있다. 반발효차로는 타이완의 우롱차(乌龙茶), 무이차(武夷茶), 철관음(铁观音)이 있다. 발효차로는 타이완 르웨탄의 홍차와 안후이성의 치먼(祁门) 홍차가 유명하다. 화차로는 재스민향이 나는 모리화차(茉莉花茶), 눈에 좋다는 국화차(菊花茶)가 대표적이다. 긴압차는 찻잎을 찐 후 눌러서 벽돌처럼 단단한 상태로 만든 후 발효시키는 차로서 윈난성의 보이차(普洱茶)가 유명하다. 소화와 변비 해소 및 다이어트에 효용이 있다. 기능성차로는 잎이 하얀 백차(白茶), 노인들의 폐를 보양한다는 자보차(滋补茶), 숙취에 효용이 있는 차, 살을 빼 주는 감비차(减肥茶), 궁중 차였던 팔보차(八宝茶), 혈압과 정력에 좋다는 하이난다오의 고정차(苦丁茶) 즉 씀바귀의 긴 잎을 말아 건조한 일엽차 등 이루 다 열거할 수 없을 정도로 그 수가 많다.

차는 중국인들의 일상생활에서 필수품으로 자리 잡은 지 이미 오래기 때문에 슈퍼나 백화점을 가도 쉽게 구입할 수 있고, 어느 동네를 가더라도 찻집을 운영하면서 찻잎을 파는 곳을 발견할 수 있다. 찻잎은 선물용으로 미리 포장하여 파는 경우도 있고, 손님들이 직접 향을 맡아보고 선택할 수 있도록 종류별로 큰 소쿠리에 담아놓고 무게를 달아서 파는 경우도 있다. 파는 방법은 근당 계산하는데, 값이 싼 차부터 고가의 차까지 다양하게 시중에서 판매되고 있다.

좋은 찻잎을 구별하는 방법은 먼저 향을 맡아보고, 다음으로 입안에서 얼마나 향이 오래 머무는지, 몇 번 우려내어 먹을 수 있는지를 보고, 마지막으로 잎의 모양과 탄력성을 보아 그 좋고 나쁨을 알 수 있다.

중국차는 종류별로 효용이 다르지만 일반적으로 정신을 맑게 하고, 기름진 음식을 소화시키는 데 도움을 주며, 숙취에도 좋고, 피부 미용과 다이어트에도 좋다고 알려져 있다. 다만 위장에는 자극을 줄 수 있으므로 빈속에 마시는 것은 삼가하고 식어버린 차는 몸에 도움이 되지 않으므로 따라버리고 뜨거운 물로 다시 우려내어 마시는 것이 좋다.

다기로는 장쑤성 이싱(宜兴)에서 생산되는 자사도기(紫砂陶器)가 유명하다. 이싱 다기는 바닥에 이싱 마크가 새겨져 있고, 품명과 등급, 제작자와 제작시기가 사진과 함께 기록되어 있는 보증서도 발급한다. 좋은 다기는 뚜껑을 부딪치면 낭랑한 쇠 소리가 난다.

한편 찻집에 가 보면 다기들이 때가 낀 것처럼 누리끼리하여 지저분한 것이 아닌가 하는 의심이 든다. 하지만 다기에 낀 때는 일반 때라기보다는 찻물에 색이 배인 것이며, 중국 사람들은 일부러 다기가 오래 되었음을 나타내기 위해 다기에 낀 찻물 때를 지우지 않고 살짝 헹구어 다시 사용한다.

중국인들이 일상생활 속에서 차를 즐기는 까닭은 다도 속에 담긴 정신을 중요시하기 때문이다. 즉 차는 중국의 전통적인 유불선의 화해와 화합처럼 화(和)가 담겨있고, 수양을 통해 심신의 정화를 느끼게 하는 정(静)도 담겨있다. 또한 차향과 차 맛에서 희열과 즐거움을 느끼는 이(怡)가 담겨있다고 한다. 중국차의 장점은 다음과 같다.

중국차는 역사가 유구하고 품질이 특출 나서 사해에 이름 날린다.
(中国茶叶, 历史悠久. 品质超群, 名扬四海.)

침이 생기고 갈증이 해소되며 정신이 맑아 생각이 자유로워진다.
(生津解渴, 提神益思.)

음식을 소화시키고 느끼함을 제거하며 건강하게 살을 빼 준다.
(消食除腻, 健美减肥.)

해를 거듭할수록 장수하며 건강을 증진시킨다.
(延年益寿, 增进健康.)

• 이 메일 예시

尊敬的张先生：

您好！许久未联系，但是一直想念，希望您和家人一切安好！

时间过得真快，离开上海已经快一年半了，现在上海的秋天一定很美。韩国蔚山现在还是夏天的感觉，天气还挺热的。不知道张先生什么时候有机会来蔚山看看呢，期待。

向你汇报这半年的情况，今年6月份我通过了考试，然后这个月获得了万达旅行社的录取通知，可能在今年年底去北京上班。一路走来，可以说比较辛苦，但是也有一些收获，和张先生一起分享。谢谢你的厚爱。期待早日见到您！祝

身体健康
阖家幸福！
吉童敬上

(마지막에 祝, 此致某某先生，此致敬礼，致礼로 표현하고 이어서 健康, 快乐!, 天天开心，学业有成，一切顺利, 一帆风顺，一生平安 등으로 인사한 후, XX敬上 想念你的XX 등으로 마무리할 수도 있다.)

문화여행 기본회화

문화여행 기본회화 학습 부분에서는 발음 시 원 발음에 좀 더 가깝게 가기 위해 본문의 우리말 발음표기와는 조금 다르게 다음과 같이 표기하였다. 유의할 점은 설면음 j, q, x와 권설음 zh, ch, sh를 구분하기 위해 권설음 앞에 '~' 표시를 넣어 '~ㅈ', '~ㅊ', '~ㅅ'로 표기하였다. p와 f 및 l과 r를 구분하기 위해 f와 r도 각각 '~ㅍ', '~ㄹ'로 표기하였다. 그리고 q와 c의 한글 표기는 같지만, q는 '이', '위'로만 발음되고, c는 '으', '우'로만 발음되기 때문에 따로 구분 지어 표기하지 않았다. 또한 b, d, g 등은 앞에 놓일 때는 된소리로 '뽀', '떠', '꺼' 식으로, 뒤에 놓이는 경우에는 약하게 '보', '더', '거' 식으로 표기하였다.

• 숫자

一	二	三	四
yī	èr	sān	sì
이	얼	싼	쓰
1	2	3	4

五	六	七	八
wǔ	liù	qī	bā
우	리우	치	빠
5	6	7	8
九	十	十一	三十
jiǔ	shí	shíyī	sān shí
지우	~스	~스이	싼~스
9	10	11	30
九十九	一百	一千	一千零五
jiǔshí jiǔ	yībǎi	yīqiān	yīqiān líng wǔ
지우~스 지우	이바이	이치엔	이치엔링 우
99	100	1,000	1,005
一千零五十	一千五	一万	一万零一十
yīqiān líng wǔ shí	yīqiān wǔ	yīwàn	yīwàn líng yīsì
이치엔 링 우~스	이치엔 우	이완	이완 링 이~스
1,050	1,500	10,000	10,010
十万	一百万	一千万	一(个)亿
shíwàn	yībǎi wàn	yīqiān wàn	yī(ge)yì
~스완	이바이 완	이치엔완	이(거)이
100,000	1,000,000	10,000,000	100,000,000

• **인사**

你好! nǐ hǎo! 니 하오!
안녕하세요!

您好! nín hǎo! 닌 하오!
안녕하세요!

早上好! zǎoshàng hǎo! 짜오~상 하오!
아침인사

再见! zàijiàn! 짜이 지엔.
또 만납시다.

谢谢! xièxie! 시에 시에.
감사합니다.

不谢! bùxiè! 뿌 시에.
별 말씀을.

对不起。duì bù qǐ. 뚜에이 부 치.
미안합니다.

没关系。méi guānxi. 메이 꽌시.
괜찮습니다.

这几天过得怎么样? zhè jǐ tiān guòde zěnmeyàng?
~저 지티엔 꾸오더 쩐머양?
요 며칠 어떻게 지내셨나요?

还行。hái xíng. 하이 싱.
그런대로 잘 지냈습니다.

- **권유**

请! qǐng! 칭!
청합니다.

请进! qǐng jìn! 칭 진!
들어오십시오.

我们走吧! wǒmen zǒu ba! 워먼 쪼우 바!
우리 갑시다.

• 이름

您贵姓? nín guì xìng? 닌 꾸에이 싱?
성함이 어떻게 되세요?

我姓李。wǒ xìng lǐ. 워 싱 리.
성이 이씨입니다.

你叫什么名字? nǐ jiào shénme míngzì? 니 지아오 ~선머 밍쯔?
이름이 무엇입니까?

我叫吉童。wǒ jiào jítóng. 워 지아오 지통.
길동이라고 합니다.

• 소개

我来介绍一下儿。wǒ lái jièshào yīxiàr. 워 라이 지에~사오 이시알.
제가 한번 소개하겠습니다.

请多指教。qǐng duō zhǐjiào. 칭 뚜오 ~즈지아오.
많은 지도 부탁드립니다.

认识你很高兴。rènshi nǐ hěn gāoxìng. ~런~스 니 헌 까오싱.
당신을 알게 되어 매우 기쁩니다.

见到你我也很高兴。jiàndào nǐ wǒ yě hěn gāoxìng.
지엔따오 니 워 이에 헌 까오싱.
당신을 만나 저도 아주 기쁩니다.

你今年多大年纪? nǐ jīnnián duōdà niánjì? 니 진니엔 뚜오따 니엔지?
당신은 올해 몇 살입니까?

二十三岁。èrshí sān suì. 얼~스 싼 쑤에이.
스물 세 살입니다.

我们是同岁。wǒmen shì tóngsuì. 워먼 ~스 통쑤에이.
우리는 나이가 같군요.

● **쇼핑**

你要什么? nǐ yào shénme? 니 야오 ~선머?
무엇을 원하세요?

我要买苹果。wǒ yào mǎi píngguǒ. 워 야오 마이 핑구오.
사과를 사려고 하는데요.

多少钱一斤? duōshao qián yī jīn? 뚜오~사오 치엔 이 진?
한 근에 얼마죠?

三块五毛。sān kuài wǔ máo. 싼 콰이 우 마오.
3원 50전입니다.

太贵了。tài guì le. 타이 꾸에이 러.
너무 비싸군요.

● **길 묻기**

请问一下。qǐng wèn yīxià. 칭 원 이시아.
말씀 좀 묻겠습니다.

故宫怎么走? gùgōng zěnme zǒu? 꾸궁 쩐머 쪼오우?

고궁은 어떻게 가죠?

一直走就到。yīzhí zǒu jiù dào. 이~즈 쪼우 지우 따오.
곧장 쭉 가면 바로 나옵니다.

• 버스·택시 타기

公共汽车站在哪儿? gōnggòngqìchēzhàn zài nǎr?
꽁공치~처~잔 짜이나얼?
버스 정류장이 어디에 있습니까?

到十字路口往左拐就是。dào shízìlùkǒu wǎng zuǒ guǎi jiùshì.
따오 ~스쯔루코우 왕 쭈오꽈이 지우~스.
사거리에서 왼쪽으로 돌면 바로 있습니다.

去火车站要坐几路车? qù huǒchēzhàn yào zuò jǐ lù chē?
취 후오~처잔 야오 쭈오 지루 ~처?
기차역에 가려면 몇 번 버스를 타야 합니까?

坐七路车。zuò qī lù chē. 쭈오 치 루 ~처.
7번 버스를 타세요.

你上哪儿? nǐ shàng nǎr? 니 ~상 나얼.
어디 가세요?

请到北京大学。qǐng dào běijīng dàxué. 칭 따오 뻬이징 따쉬에.
베이징대학에 가주세요.

请掉头。qǐng diàotóu. 칭 띠아오토우.
유턴해주세요.

到了。dào le. 따오 러.
도착했습니다.

• 식당에서

欢迎光临! huānyíng guānglín! 환잉 꽝린!
환영합니다, 어서 오세요!

有几位? yǒu jǐ wèi? 요우 지 웨이?
몇 분이세요?

四位。sì wèi. 쓰 웨이.
4명이에요.

你们要点什么菜? nǐmen yào diǎn shénmecaì?
니먼 야오 디엔 ~선머차이?
무슨 음식을 주문하시겠어요?

请等一下。qǐng děng yīxià. 칭 떵 이시아.
잠깐만 기다려주세요.

来四碗牛肉面和两瓶啤酒。
lái sì wǎn niúròumiàn hé liǎng píng píjiǔ.
라이 쓰 완 니우~로우미엔 허 리앙 핑 피지우.
우육면 네 그릇과 맥주 두 병 가져다주세요.

• 전화 걸기

喂, 您好! wèi, nín hǎo! 웨이, 닌 하오!
여보세요, 안녕하세요.

请问, 王老师在不在? qǐng wèn wáng lǎoshī zài bù zài?
칭원, 왕 라오~스 짜이 부 짜이?
말씀 좀 묻겠는데요, 왕 선생님 계십니까?

他不在。tā bù zài. 타 부 짜이.
안 계세요.

请转告他给我回电, 行吗? qǐng zhuǎngào tā gěi wǒ huídiàn, xíng mɑ?
칭 ~주안까오 타 게이 워 후에이디엔, 싱 마?
저에게 전화해 달라고 그분한테 전해주세요, 괜찮지요?

行。xíng. 싱.
네.

● **날짜·시간**

今天几月几号? jīntiān jǐ yuè jǐ hào? 진티엔 지 위에 지 하오?
오늘은 몇 월 며칠이지요?

今天五月八号。jīntiān wǔ yuè bā hào. 진티엔 우 위에 빠 하오.
오늘은 5월 8일입니다.

明天星期几? míngtiān xīngqī jǐ? 밍티엔 싱치 지?
내일은 무슨 요일입니까?

明天星期六。míngtiān xīngqī liù. 밍티엔 싱치 리우.
내일은 토요일입니다.

现在几点钟? xiànzài jǐ diǎn zhōng? 시엔짜이 지 디엔 ~종?
지금 몇 시입니까?

现在十二点三十分。xiànzài shíèr diǎn sānshí fēn.

시엔짜이 ~스얼 디엔 싼~스 ~펀.
지금은 12시 30분입니다.

• 날씨

今天天气怎么样? jīntiān tiānqì zěnmeyàng? 진티엔 티엔치 쩐머양?
오늘 날씨 어때요?

很暖和。hěn nuǎnhuo. 헌 누안후오.
아주 따뜻해요.

下雨了。xiàyǔ le. 시아위 러.
비가 내리네요.

现在零下七度。xiànzài língxià qī dù. 시엔짜이 링시아 치 뚜.
지금은 영하 7도네요.

天气冷了, 多穿点儿衣服。tiānqì lěng le, duō chuān diǎnr yīfu.
티엔치 렁 러, 뚜오 ~추안 디알 이~푸.
날씨가 춥네요. 옷을 많이 좀 입으세요.

• 초대

你喜欢喝什么酒? nǐ xǐhuān hē shénme jiǔ? 니 시환 허 ~선머 지우?
당신은 무슨 술 마시길 좋아합니까?

葡萄酒吧。pútáojiǔ ba. 푸타오 지우 바.
포도주로 합시다.

吃饺子吧。chī jiǎozi ba. ~츠 지아오쯔 바.
만두 드세요.

很好吃。hěn hǎochī. 헌 하오~츠.
아주 맛있어요.

你慢慢吃, 别客气。nǐ mànmàn chī, bié kèqi.
니 만만 ~츠, 삐에 커치.(慢慢의 뒷글자는 1성으로도 발음)
천천히 드세요, 사양 마시고.

不客气, 真的吃饱了。bùkèqi, zhēnde chībǎo le.
부커치, ~전더 ~츠빠오 러.
사양이 아니라, 정말로 배가 부릅니다.

为我们的友谊干杯! wèi wǒmendeyǒuyì gānbēi!
웨이 워먼더요우이 깐뻬이!
우리의 우정을 위해 건배!

• **문답**

你是中国人吗? nǐ shì zhōngguórén ma? 니 ~스 ~종구오~런 마?
당신은 중국인입니까?

不, 我是韩国人。bù, wǒ shì hánguórén. 뿌, 워 ~스 한구오~런.
저는 중국인이 아니고, 한국인입니다.

你是从哪儿来的? nǐ shì cóng nǎr láide. 니 ~스 총 나얼 라이더.
당신은 어디서 왔습니까?

我是从首尔来的。 wǒ shì cóng shǒuěr láide. 워 ~스 총 한~청 라이더.
저는 서울에서 왔습니다.

你第一次来上海吗? nǐ dì yīcì lái shànghaǐ ma?
니 띠 이츠 라이 ~상하이 마?
당신은 상하이에 처음 왔습니까?

不，我以前来过。bù, wǒ yǐqián láiguo. 뿌, 워 이치엔 라이 구오.
아니요, 예전에 온 적 있어요.

你会说汉语吗? nǐ huì shuō hànyǔ ma? 니 후에이 ~수오 한위 마?
중국어 할 줄 알아요?

会一点儿。huì yīdiǎnr. 후에이 이디알.
조금 할 줄 압니다.

• 공항에서

飞机几点起飞? fēijī jǐ diǎn qǐfēi? ~페이지 지 디엔 치~페이?
비행기가 몇 시에 이륙합니까?

三点半起飞。sān diǎn bàn qǐfēi. 싼 디엔 빤 치~페이.
3시 반에 이륙합니다.

什么时候办登机手续? shénme shíhou bàn dēngjī shǒuxù?
~선머~스호우 빤 따~청 ~소우쉬?
언제부터 탑승수속을 합니까?

现在开始。xiànzài kāishǐ.
시엔짜이 카이~스.
지금부터 시작합니다.

• 표 사기

我买两张票。wǒ mǎi liǎng zhāng piào. 워 마이 리앙 ~장 피아오.
표 두 장 살래요.

往返票还是单程票? wǎngfǎnpiào háishì dānchéngpiào?
왕~판 피아오 하이~스 딴~청 피아오?

왕복표요, 아니면 편도표요?

往返票。wǎngfǎnpiào. 왕~판 피아오.
왕복표입니다.

一共四十元。yīgòng sìshí yuán. 이꽁 쓰~스 위엔.
다 합쳐 40원입니다.

给你五十块钱。gěi nǐ wǔshí kuàiqián. 게이 니 우~스 콰이 치엔.
50원 드립니다.

找你十块。zhǎo nǐ shí kuài. ~자오 니 ~스 콰이.
10원 거슬러 드립니다.

• **병원에서**

哪里不舒服? nǎli bù shūfu. 나리 부 ~수~푸.
어디가 불편하세요?

咳嗽, 流鼻涕, 发烧。késòu, liú bítì, fāshāo.

커쏘우, 리우삐티, ~파~사오.
기침이 나고, 콧물이 흐르고, 열이 나요.

我来看看, 你得了感冒。wǒ lái kànkan, nǐ dé le gǎnmào.

워 라이 칸칸, 니 더러 깐마오.
한번 봅시다, 감기 걸리셨네요.

好好休息, 多喝温水。hǎohāo xiūxi, duō hē wēnshuǐ.

하오하오 시우시, 뚜오 허 원~수에이.
푹 쉬시고, 온수를 많이 마시세요.

• 은행에서

我要取钱。wǒ yào qǔ qián. 워 야오 취 치엔.
돈을 출금하려고 하는데요.

取多少? qǔ duōshao? 취 뚜오~사오?
얼마 찾으시려고요?

取一千块。qǔ yīqiān kuài. 취 이치엔 콰이.
천원 찾습니다.

请按密码。qǐng àn mìmǎ. 칭 안 미마.
비밀번호를 눌러주세요.

这儿能不能换钱? zhèr néng bù néng huànqián. 저얼 넝 부 넝 환치엔?
여기서 환전할 수 있어요?

能。美元换人民币吗? néng. měiyuán huàn rénmínbì ma?

넝. 메이위엔 환 ~런민삐 마?
됩니다. 달러를 인민폐로 바꿉니까?

对, 外汇牌价多少? duì wàihuì páijià duōshǎo?

뚜에이, 와이후에이 파이지아 뚜오~사오?
네, 외환가격은 어떻게 됩니까?

八块二。先填一下申请表。

bā kuài èr. xiān tián yīxià shēnqǐngbiǎo.

빠 콰이 얼. 시엔 티엔 이시아 ~선칭뻬아오.
8원 20전입니다. 우선 신청서를 좀 작성하세요.

• 가족소개

你家有几口人? nǐ jiā yǒu jǐ kǒu rén? 니 지아 요우 지 코우 ~런?
집에 몇 식구가 있나요?

五口人。wǔ kǒu rén. 우 코우 ~런.
다섯 식구입니다.

这是我父母, 那是我妹妹们。zhè shì wǒ fùmǔ, nà shì wǒ mèimeimen.
저 ~스 워 ~푸무, 나 ~스 워 메이메이먼.
이쪽은 저의 부모님이고, 저기는 저의 누이동생들입니다.

你有孩子吗? nǐ yǒu háizi ma? 니 요우 하이쯔 마?
자식이 있나요?

没有。méiyǒu. 메이요우.
없어요.

你结婚了没有? nǐ jiéhūn le méiyǒu? 니 지에훈 러 메이요우?
결혼했습니까?

我还没有结婚。wǒ hái méiyǒu jiéhūn. 워 하이 메이요우 지에훈.
아직 결혼 안 했습니다.

• 취미

你的爱好是什么? nǐde àihào shì shénme? 니더 아이하오 ~스 ~선머?
당신의 취미는 무엇입니까?

我喜欢看电视, 还有唱歌。

wǒ xǐhuān kàn diànshì, háiyǒu chànggē.

워 시환 칸 띠엔~스, 하이요우 ~창꺼.
저는 TV 시청과 노래 부르기를 좋아합니다.

你唱得怎么样? nǐ chàngde zěnmeyàng? 니 ~창더 쩐머양?
당신 노래 솜씨는 어떤지요?

不怎么样。bù zěnmeyàng. 부 쩐머양.
그저 그래요.

• **직업**

您在哪儿工作? nín zài nǎr gōngzuò? 닌 짜이 나얼 꽁쭈오?
당신은 어디에서 일하십니까?

我在银行工作。wǒ zài yínháng gōngzuò. 워 짜이 인항 꽁쭈오.
저는 은행에서 일합니다.

您弟弟呢? nín dìdi ne? 닌 띠디 너?
당신 남동생은요?

他是学生。tā shì xuésheng. 타 ~스 쉬에~성.
그는 학생입니다.

他读大学了吗? tā dúdàxué le mɑ? 타 뚜따쉬에 러 마?
그는 대학에서 공부합니까?

不, 他还在读高中。bù, tā háizài dú gāozhōng.
뿌, 타 하이짜이 뚜까오~종.
아니요, 아직 고등학교에서 공부해요.

• 생일

你的生日是几月几号? nǐde shēngrì shì jǐ yuè jǐ hào?
니더 ~성~르 ~스 지 위에 지 하오?
당신 생일은 몇 월 며칠이죠?

三月十五号。sān yuè shíwǔ hào. 싼 위에 ~스우 하오.
3월 15일이에요.

刚好是今天。gānghǎo shì jīntiān. 깡하오 ~스 진티엔.
마침 오늘이군요.

没错。méicuò. 메이추오.
맞습니다.

祝你生日快乐! zhù nǐ shēngrì kuàilè. ~주 니 ~성~르 콰이러!
생일 축하합니다.

• 차 마시기

好香啊! 这是什么茶? hǎoxīang ɑ! zhè shì shénme chá?
하오시앙 아! ~저 ~스 ~선머 ~차?
향이 좋네요! 이것은 무슨 차인가요?

乌龙茶, 味道好不好? wūlóngchá, wèidào hǎo bù hǎo?
우롱~차, 웨이다오 하오 부 하오?
오룡차입니다, 맛이 좋습니까?

我觉得很好喝。wǒ juéde hěn hǎo hē. 워 쥐에더 헌 하오 허.
제가 느끼기에는 아주 마시기 좋아요.

你平常喝什么茶? nǐ píngcháng hē shénme chá?

니 핑~창 허 ~썬머 ~차?

평소에 무슨 차를 마시나요?

平常不喝茉莉花茶, 就喝铁观音。

píngcháng bù hē mòlìhuā chá, jiù hē tiěguānyīn.

핑~창 부 허 모리화~차, 지우 허 티에꽌인.

평소 자스민 차 아니면, 철관음을 마십니다.

• 기차 안에서

到北京的火车来了。dào běijīngde huǒchē lái le.

따오 뻬이징더 후오~처 라이 러.

베이징행 기차가 왔어요.

软卧可舒服了。ruǎnwò kě shūfu le. ~루안우오 커 ~수~푸 러.

연와는 정말 쾌적하네요.

检票! 请把票拿出来。jiǎnpiào! qǐng bǎ piào náchūlái.

지엔피아오! 칭 빠 피아오 나추라이.

표 검사합니다! 표를 꺼내주세요.

火车里有餐厅吗? huǒchēli yǒu cāntīng ma? 후오~처리 요우 찬팅 마?

기차 안에 식당이 있나요?

有。我们也准备了盒饭。yǒu. wǒmen yě zhǔnbèi le héfàn.

요우. 워먼 이에 ~준뻬이 러 허~판.

있습니다. 또한 도시락도 준비해 놓았습니다.

• 분실

糟糕! 我的旅行包不见了。zāogāo! wǒde lǚxíngbaō bù jiàn le.
짜오까오! 워더 뤼싱빠오 부 지엔 러.
아뿔싸! 내 여행 가방이 안 보이네.

奇怪! 怎么会呢? qíguài zěnme huì ne? 치꽈이! 쩐머 후에이 너?
이상하네! 어찌 그럴 리가?

我看行李是忘在售票处了。
wǒ kàn xínglǐ shì wàng zài shòupiàochù le.
워 칸 싱리 ~스 왕 짜이 ~소우피아오~추 러.
짐을 깜빡 잊고 매표소에 둔 것 같아.

别着急! 肯定能够找回来。bié zháojí! kěndìng nénggòu zhǎo huílái.
삐에 ~자오지! 컨딩 넝꼬우 ~자오 후에이라이.
조급할 것 없어! 반드시 찾아올 수 있어.

但愿如此。dàn yuàn rúcǐ. 딴 위엔 ~루츠.
그러길 만을 바랄 뿐이야.

我们赶快去挂失吧! wǒmen gǎnkuài qù guàshī bɑ!
워먼 깐콰이 취 꽈~스 바!
우리 빨리 신고하러 가자!

• 전화 예약확인

是航空公司吗? shì hángkōnggōngsī mɑ? ~스 항콩꽁쓰 마?
항공사죠?

是, 您有什么事儿吗? shì, nín yǒu shénme shìr ma?

~스, 닌 요우 ~선머 ~스얼 마?
예, 무슨 일을 도와드릴까요?

我预定了后天去上海的航班。

wǒ yùdìng le hòutiān qù shànghaǐde hángbān.

워 위딩 러 호우티엔 취 ~상하이더 항빤.
모레 상하이로 가는 항공편을 예약했는데요.

您的英文名字呢? nínde yīngwén míngzì ne? 닌더 잉원 밍쯔 너?
영문 이름은 어떻게 되죠?

Hong, Gil-dong。
홍길동

已经 O. K.了。yǐjīng O. K. le. 이징 O. K. 러.
이미 O. K.되었어요.

我还要再确认吗? wǒ háiyào zài quèrèn ma?

워 하이야오 짜이 취에 런 마?
또 확인해야 합니까?

不用再确认了。bùyòng zài quèrèn le. 부용 짜이 취에 런 러.
다시 확인하실 필요 없습니다.

- **호텔숙박**

我想开一个房间。wǒ xiǎng kāi yīge fángjiān.

워 시앙 카이 이거 ~팡지엔.
방 하나 체크인 하고자 하는데요.

您打算住多久? nín dǎsuàn zhù duōjiǔ? 닌 따쑤안 ~주 뚜오지우?
며칠 머물 예정입니까?

住三天。zhù sāntiān. ~주 싼티엔.
사흘 머뭅니다.

您要标准房, 还是套间? nín yào biāozhǔnfáng, háishì tàojiān?
닌 야오 삐아오~준 ~팡, 하이~스 타오지엔?
스탠더드 룸을 원하세요, 아니면 스위트 룸을 원합니까?

标准房好了。biāozhǔnfáng hǎo le. 삐아오~준 ~팡 하오 러.
스탠더드 룸이 좋겠어요.

请填住宿登记卡。qǐng tián zhùsù dēngjikǎ. 칭 티엔 ~주쑤 떵지카.
숙박 등기카드를 작성해주세요.

这是您的房间鈅匙卡。zhè shì nínde fángjiān yàoshikǎ.
~저 ~스 닌더 ~팡지엔 야오~스카.
여기 당신의 방 카드키입니다.

- **여행안내**

这里是天安门广场, 请跟我来。
zhèli shì tiānānmén guǎngchǎng, qǐng gēnwǒ lái.
~저리 ~스 티엔안먼 꽝~창, 칭 껀워 라이.
이곳이 찬안문광장입니다. 저를 따라오세요.

好大的广场! hǎodàde guǎngchǎng! 하오따더 꽝~창!
아주 큰 광장이네요!

下面我们去参观杂技。xiàmiàn wǒmen qù cānguān zájì.

시아미엔 워먼 취 찬관 짜지.
다음에는 서커스를 참관하러 갑니다.

了不起! 杂技水平真高啊! liǎobùqǐ! zájì shuǐpíng zhēn gāo ɑ!
리아오부치! 짜지 ~수에이핑 전 까오 아!
대단하네요! 서커스 수준이 정말 높군요!

现在去王府井吃饭。xiànzài qù wángfǔjǐng chīfàn.
시엔짜이 취 왕~푸징 ~츠~판.
이제 왕부정에 가서 식사하겠습니다.

导游! 这个菜叫什么? dǎoyóu! zhège cài jiào shénme?
따오요우! ~저거 차이 지아오 ~선머?
가이드! 이 음식은 이름이 뭐예요?

那个叫北京烤鸭。nàge jiào běijīng kǎoyā.
나거 지아오 뻬이징 카오야.
그것은 베이징오리구이라고 합니다.

• **사진 그리고 작별**

桂林是中国第一景观。guìlín shì zhōngguó dìyī jǐngguān.
꾸에이린 ~스 ~중구오 띠이 징관.
구이린은 중국 제일의 경관이네요.

真棒! 景色实在是漂亮。zhēn bàng! jǐngsè shízài shì piāoliàng!
~전빵! 징써 스짜이 ~스 피아오량.
정말 끝내주네요! 정말이지 풍경이 아름답군요.

我们拍一张照片, 留个记念吧!

wǒmen pāi yīzhāng zhàopiàn, liú ge jìniàn ba!

워먼 파이 이~장 ~자오피엔, 리우 거 지니엔 바!
우리 사진 한 장 찍어 기념으로 남깁시다!

照相机带来了吗? zhàoxiàngjī dàilái le ma?

~자오시앙지 따이라이 러 마?
사진기는 가져왔어요?

带来了。dàilái le. 따이라이 러.
가져왔어요.

先生! 请帮我拍一下。xiānsheng! qǐng bāng wǒ pāi yīxià.

시엔~성! 칭 빵 워 파이 이시아.
선생님! 사진 좀 찍어주세요.

笑一个。按纽就行了吗? xiào yīge. ànniǔ jiù xíng le ma?

시아오 이거. 안니우 지우 싱 러 마?
스마일. 셔터만 누르면 되죠?

是, 谢谢您! shì, xièxie nín! ~스, 시에시에 닌!
네, 감사합니다.

我们该分手了, (一路上)多保重!

wǒmen gāi fēnshǒu le, duō bǎozhòng!

워먼 까이 ~펀~소우 러, ~선티 빠오~종!
우리 헤어져야 할 시간이군요. 몸조심하세요!

后会有期, 一路平安! hòu huì yǒuqī, yīlù píngān!

호우 후에이 요우치, 이루 핑안!
나중을 기약합시다. 편안한 여행되세요!

• 중국어 발음

우리나라 학생들이 초급 단계에서 중국어를 학습하는 데 있어서, 중국어의 자음과 모음이 우리 발음과 동일한 것도 있지만, 유사하거나 다른 부분도 있는데, 이를 간과하고 동일하다고 여겨 우리식으로 발음부위와 발음방식을 생각하여 발음을 함으로써, 정확한 중국어 발음을 표현해내지 못하는 경우가 있다.

한국과 중국에서 사용하는 한자는 대략 80%가 의미에 있어서 기본적으로 동일하기 때문에, 한자의 형태(간체자 습득을 한 경우)와 뜻은 이해하기 쉽지만 발음이나 성조에 있어서는 곤란을 겪는 경우가 많다. 양국의 원음 자체의 차이 때문이다.

예를 들어 중국어의 釜山fushan을 Pusan으로, 喝茶hecha를 heca로, Wi-fi를 와이파이로 읽는다. 이는 한국어의 발음 영향 때문이다. 중국어의 모음 중 주요원음인 a, o, e, ê, i, u, ü 등은 한국어의 ㅏ, ㅗ, ㅓ, ㅔ, ㅣ, ㅜ, ㅟ와 연결되지만, 서로 유사하거나 근접한 원음인 경우가 많다. 이 말은 동일하지 않다는 말과도 통한다.

a의 경우를 예로 들어보자. 중국어의 a는 성대를 울릴 때 입을 크게 벌리고 혓바닥(舌面) 중간 부위를 살짝 들어 올린 후 혀의 위치를 가장 낮게 놓는다. 한국어의 ㅏ는 발음 시에 입을 크게 벌리고 혓바닥(舌面)을 평평히게 한 후 혀끝(舌尖)은 가볍게 아래 치아와 잇몸(齿龈 치간)을 받쳐주고 입술은 둥글지 않게 한다. 양자 간의 동일한 점은 입을 크게 벌리는 것이고 유사점은 혀의 돌출과 낮은 혀의 위치와 혀를 평평하게 하고 아래 잇몸을 받쳐주는 것이다. 차이점은 전자는 성대를 울리는 것이고 후자는 입술이 둥글지 않은 점이다.

e의 발음 시에는 성대를 울릴 때 입을 반쯤 닫고 위와 아래의 치아를 살짝 벌리며 입술은 둥글지 않고 입은 좌우로 약간 벌리며 혀의

위치는 낮게 누른다. 한국어의 ㅓ는 발음을 할 때 입을 반쯤 열고 혓바닥의 앞쪽을 약간 들어 올리고 입술은 둥글지 않게 한다. 같은 점은 입술이 둥글지 않다는 점이고 유사한 점은 전자는 혓바닥을 낮게 누르고 후자는 혓바닥 앞쪽을 약간 들어올린다. 다른 점은 전자는 성대를 울릴 때 입이 반쯤 닫히는 반면 후자는 입을 반쯤 연다. 즉 e는 혓바닥의 뒷부분이 한국어의 ㅓ보다 약간 높고 입은 좀 더 작게 벌린다.

중국어 o발음은 한국어 ㅗ 발음의 기초 위에 혓바닥을 낮게 누르면서 뒷부분을 올리는데, 입술을 둥글게 하지 않는 점에서 차이가 있다.

그리고 i, u, ü는 비교적 쉽다. 이는 각각 한국어의 ㅣ, ㅜ, ㅟ 와 대비 되며, u를 발음할 때 요령은 입의 모양이 돌출되면서 날카롭게 둥글게 한다는 점이다. ü를 발음할 때는 혀끝이 앞쪽으로 향한다. i를 발음할 때는 기본적으로 한국어의 ㅣ와 발음이 동일하다.

한국어 자음에는 쌍순음, 설첨음, 설면음, 설근음, 후음은 있지만 권설음이라는 혀를 말고 혀끝 뒤로 발음하는 자음이 없기에 zh, ch, sh, r 발음에 대한 난점을 잘 파악하여야 한다.

zh는 혀끝 뒤를 막고 불송기, 청색찰음이며, 혀끝 위쪽으로 말아 입천장을 받치고 기는 혀끝과 입천장이 마찰하면서 나오며 성대는 울리지 않는다. 초보자는 왕왕 zh를 j로 발음하는 경우가 많다. 知道를 几道로, 报纸를 报几로 발음한다.

ch는 혀끝 뒤로 막고 송기, 청색찰음이며, 발음부위는 zh와 같고 기를 충분히 토해낸다. 하지만 초급자는 zh와 ch 발음 구분이 잘 가지 않는 경우가 있고, 츠판을 즈판으로 발음하기도 한다.

sh와 r의 경우, 혀끝이 길게 올라가고 천장 앞쪽에 접근하며 기는 가운데로부터 나오면서 마찰하여 소리가 나온다. sh와 r의 차이는 sh가 발음 시에 떨리지 않지만 r는 발음 시에 떨리는 점이다. 초급자들은 日本을 le本, 诗人을 si人으로 발음하는 경우가 많다. 한국어

모국어의 ㄹ 발음의 영향을 받아 혀끝을 올려 잇몸에 접근하면서 기의 흐름을 방해하고 혀끝이 한 차례 튕기듯 움직이고 성대가 울린다. 학생들은 또 r과 l이 비슷하다고 오해하고, 또한 l과 한국어 ㄹ이 비슷하다고 잘못 이해하고 있다.

어떤 학생들은 중국에서 돌아와 말하길, 중국 사람들이 자신이 중국어를 하면 남방인 같다고 얘기한다고 한다. 그 이유는 발음과 성조의 문제 때문일 것이다. 푸퉁화의 사성은 중국어 특징 중 하나이다. 이는 외국학생들이 정확하게 중국어를 장악하는 데 있어서 매우 중요하다. 성조는 음의 위치로서 의미를 구별하는 작용을 한다. 그 본질적 특징은 음절의 고저 변화이다. 좀 길게 또는 좀 짧게 소리 내는 것은 성조의 관건이 아니다. 중국어 성조는 단어 구조의 일부분이다. 자음, 모음, 성조를 비교한다면 성조의 정보 전달 분량이 가장 많다. 간섭 받는 것에 저항하는 능력이 가장 강하다. 발음을 장악해도 성조를 장악하지 못하면 다른 의미를 표현하는 것으로 되기도 한다. 예를 들어 买烟-买盐, 发了钱-罚了钱, 政府-正负로 의미가 바뀐다. 특히 두 개 이상의 음절(한자)를 만났을 때 특히 주의해야 한다. (예 : 中1国 看中4 看4见 看1家 很好3 爱好4)